Güter

Glaubensinformation

Christa Meves
Die Bibel antwortet uns in Bildern
Band 461 · 160 Seiten 2. Aufl.

Joachim Illies (Hrsg.)
Die Sache mit dem Apfel
Band 447 · 176 Seiten 5. Aufl.

Mark Oraison
Der Buchstabe tötet
Band 417 · · 192 Seiten

Josef Sudbrack
Beten ist menschlich
Band 465 · · · 256 Seiten

Helmut Thielicke
Die geheime Frage nach Gott
Band 429 · · 208 Seiten 2. Aufl.

in der Herderbücherei

Herderbücherei

Herders Theologisches Taschenlexikon

Herausgegeben
von Karl Rahner

bietet dem Benutzer in über 450 Großartikeln alles, was er für die Auseinandersetzung mit der Theologie und Bibelwissenschaft der Gegenwart, für ein vertieftes Glaubensverständnis und für den kritischen Verkündigungsdienst braucht.

8 Bände in Kassette
Bestellnummer 16750

Herderbücherei

Band 468

1)

Über das Buch

Ist mit dem Titel dieses Taschenbuches nicht zuviel behauptet? Erleben wir doch gerade heute, wie eine Heiligenfigur nach der anderen „entmythologisiert" und in die kirchliche Rumpelkammer abgestellt wird. Wo gibt es Anhaltspunkte für ein Wiederkommen der Heiligen?
Der bekannte Historiker und Hagiograph Walter Nigg („Der exemplarische Mensch", Herderbücherei Band 384) zeigt anhand von drei Gestalten, wie modern Heilige sein können, wenn sie vom süßlichen Zierat befreit sind, den ihnen eine falsch beratene pietistische Frömmigkeit verliehen hat. Ohne das lebendige Vorbild dieser großen Gestalten bliebe das christliche Leben auch des modernen Menschen ohne Kraft und Dynamik.
Es ist offensichtlich ein tief verwurzeltes Bedürfnis des Menschen, sein Leben nach „exemplarischen Menschen" auszurichten. Und wenn die Heiligen schwinden, schieben sich unbemerkt Idole in deren Lücke. Idole sind von kurzer Lebensdauer. Ist der Glanz der bis vor kurzem noch gefeierten Helden wie Che Guevara oder Ho Tschi Minh nicht schon wieder am Verblassen? Echte Lebensvorbilder sind von zeitloser Bedeutung. Sie haben jeder Zeit etwas zu sagen. Mit Recht spricht Walter Nigg die Erwartung aus, daß die Heiligen wiederkommen.

Walter Nigg

Die Heiligen kommen wieder

Leitbilder christlicher Existenz

Herderbücherei

Veröffentlicht als Herder-Taschenbuch

Herder Freiburg · Basel · Wien
Herder Druck Freiburg im Breisgau 1973
ISBN 3-451-01968-X

INHALT

DIE HEILIGEN KOMMEN WIEDER

Es ist keine Frage mehr: Es rast ein Bildersturm durch die gegenwärtige Christenheit. Die überlieferten Formen werden abgelehnt, jahrhundertealte Gebräuche verändert, Tabus beseitigt, und auch die Glaubensvorstellungen werden dem Bewußtsein der heutigen Zeit angepaßt. Die Christen wollen nicht länger als rückständige Menschen dastehen, die immer eine halbe Stunde zu spät kommen. Sie begehren modern zu sein und mit der Zeit zu marschieren.

Von diesem Bildersturm werden auch die Heiligen betroffen. Zwar eilt man nicht mehr mit Hammer und Axt in die Kirchen und zertrümmert die Statuen, in der Meinung, es seien Götzenbilder, wie es im Reformationszeitalter wilde Gesellen getan haben. Dazu sind die zartbesaiteten Seelen zu kultiviert und zu kunstverständig geworden. Wir vernehmen höchstens den Seufzer: „Kirche, deine Heiligen!" (Richolet.) Die Heiligen gehören, so sagte einmal ein junger Priester, „zum alten Eisen". Ein sichtliches Zeichen dafür ist, daß nur noch ganz selten eine Heiligenbiographie erscheint und man Themen wie „Kirche und Sex", der „Pluralismus in der Christenheit" usw. als viel interessanter empfindet. In den kalten Betonkirchen findet man auch keine Heiligenbilder mehr, kahle Wände starren dem Besucher entgegen und lassen ihn an entschwundene Zeiten denken. Höchstens wird noch eine Muttergottesfigur ein wenig verschämt in eine Ecke gestellt, und im übrigen scheint der Strom der Heiligen ausgetrocknet zu sein. Der Bildersturm, unterstützt von einer offenkundigen Geschichtsfeindlichkeit, wütet auf der ganzen Linie in voller Windstärke und fegt alles weg.

Nicht nur geht die junge Generation radikal gegen die Heiligen vor, auch die leitenden kirchlichen Stellen wechseln die himmlischen Urbilder beinahe beliebig aus. Der in der Ostkirche stark verehrte heilige Georg wurde stillschweigend gestrichen, gerade in dem Moment, da man mit der Orthodoxie einen näheren Kontakt aufnehmen wollte. Die Kalenderreform wurde von einem römischen Prälaten in einer witzig sein wollenden Art der Öffentlichkeit mitgeteilt, was das einfache Volk sichtlich erregte, weil es meinte, Christophorus und Barbara würden ihm weggenommen. Dies war natürlich nicht der Fall.

Doch darf man über die Bilderstürmerei nicht nur entsetzt die Hände über dem Kopf zusammenschlagen. Wenn auch die Auflösungstendenzen in der Christenheit stark um sich greifen, wollen wir nicht altväterisch die Gewohnheit mit der Wahrheit verwechseln, weil wir überzeugt sind, daß alles Geschehen nicht zufälliger Art ist, sondern immer seine Gründe hat. Wir sind deswegen gehalten, sachlich nach den Motiven des Bildersturmes zu fragen, zumal auch er nicht von ungefähr entstanden ist. Die Abwertung der Heiligen hat ihre lange Vorgeschichte und hängt mit der über die Christenheit hereingebrochenen zweiten Aufklärung zusammen, die sich nicht weniger verheerend auswirkt als das Zeitalter der Säkularisation.

Vielleicht, aber wirklich nur vielleicht, wurden die Heiligen im Kirchenraum in den Hintergrund gedrängt, um Christus stärker in den Mittelpunkt zu rücken. Man gab vor, sich wieder auf das Wesentliche stärker zu konzentrieren. Es ist wohl möglich, daß bei gewissen Menschen dieses Motiv eine Rolle spielte. Jedenfalls darf es nicht grundsätzlich bezweifelt werden, da wir doch verpflichtet sind, gerade den Andersdenkenden gegenüber im Urteil gerecht zu bleiben. Wahrscheinlich waren jedoch andere Ursachen beim Vorgehen gegen die Heiligen bestimmender.

Schon Nietzsche hat das Ansehen der Heiligen untergraben, indem er sich in seinen Büchern als freier Geist ausgab, der an Stelle der Ehrfurcht Sarkasmus und frevelhaftes Lachen setzte. Viele Leser wurden durch seine übermütigen Worte verführt und erkannten nicht, daß die Rolle des Spötters bei ihm eine Maske war, hinter der sich eine andere Gestalt verbarg. Kannte doch

Nietzsche von Schopenhauer her eine höhere Schätzung des Heiligen und sprach sie auch in der „Zweiten unzeitgemäßen Betrachtung“ aus: „Bei dem Erscheinen des Heiligen macht die Natur, die nie springt, ihren einzigen Sprung, und zwar einen Freudensprung.“[1] Noch im „Willen zur Macht“ wird „der Heilige als die mächtigste Species Mensch“ bewertet[2]. Daneben gab Nietzsche unverhohlen auch seiner Verachtung des Heiligen Ausdruck, hatte er doch „eine schreckliche Angst davor, daß man mich eines Tages heilig spricht ... Ich will kein Heiliger sein, lieber noch ein Hanswurst.“[3] Man hat wenig von Nietzsche begriffen, wenn man ihn wörtlich versteht, denn vieles, was dieser widersprüchliche Geist liebte, kleidete er in Haßworte ein. Er schrieb unendlich viel ergreifender vom Gottesmord als die heutigen Atheisten; man spürt geradezu seine unbefriedigte Gottessehnsucht.

Im vorliegenden Zusammenhang geht es nicht um die Person Nietzsches, sondern um seine Saat und deren Wirkung. Das Mißtrauen gegenüber den Heiligen war geweckt und fand bei den blinden Nachbetern ein williges Gehör. Der vergröberte Nietzscheanismus verstand nichts vom tieferen Anliegen des Philosophen, fühlte sich aber trotzdem berechtigt, seine Pöbeleien gegen den Heiligen vorzubringen. Vor allem lief man gegen die asketische Einstellung Sturm und sah in den Heiligen verkrampfte Gestalten, die einer längst überwundenen Weltverachtung frönten. Man bezichtigte sie der Selbstquälerei und sah in ihren Visionen Krankheitserscheinungen als Folge überreizter Nerven. Namentlich die Psychoanalyse bewertete die asketischen Bestrebungen negativ, die nach ihr nur zu einer Verdrängung führen. Ein Körnchen Wahrheit ist in dieser Sicht enthalten, und doch darf sie nicht unkritisch übernommen werden. Die Askese kann unter Umständen eine wertvolle Hilfe sein, jedenfalls wird sie von der Schmähung „lebensfeindlich“ gar nicht getroffen. Ihr liegt auch das Streben nach innerer Ordnung zugrunde, sie bezweckt eine Verankerung im Religiösen, sie ist ein Weg zu einer höheren Stufe und ist niemals Selbstzweck. Es ist nicht gerechtfertigt, die Heiligen ihrer asketischen Gesinnung wegen auszuschalten, man denke nur an die chassidische Anekdote: „Es steht geschrieben: ‚Heilige Menschen sollt ihr mir sein.' Der Kozker übertrug: ‚Menschlich heilig sollt ihr mir sein.'"[4]

Die Abwendung von den Heiligen ist ferner durch die Hagiographie bedingt, die zu jener Zeit auf einem Tiefstand angelangt war. Die Heiligenbiographien waren so fade geworden, daß sie beinahe abstoßend wirkten. Der Heilige als Edelmensch war ein zu billiges Klischee. Das Bild des hl. Aloysius, der sich nicht einmal mit der eigenen Mutter im gleichen Zimmer aufhalten wollte – was übrigens gar nicht wahr ist –, war allzu unnatürlich, als daß es aufrechterhalten werden konnte. Nach den Schilderungen des vergangenen Jahrhunderts taten die Heiligen alles mit einem frommen Augenaufschlag; sie schlugen auch in ihrer Jugend nie über die Stränge, und wenn es einer doch tat, wurde es nur ganz kurz mit einem bedauernden Satz vermerkt. Jene langweilig verfaßten Heiligendarstellungen riefen nur ein Gähnen hervor, und dabei sind die Heiligen doch alles andere als langweilig. Die Glanzlosigkeit der Hagiographie des letzten Jahrhunderts, die ein Spiegelbild des verbürgerlichten, gezähmten Christentums ist, deutet darauf hin, daß etwas sehr Fatales innerhalb der Christenheit geschehen war. Längst vor der stillschweigenden Verabschiedung der Heiligen in der Kirche wurden die Himmelsboten innerhalb der eigenen Mauern durch eine schale Literatur gleichsam bestattet. Sie wurden süßlich, fehlerlos und übertrieben geschildert, so daß sich das Gefühl des Unwahrscheinlichen einschlich und die ganze Hagiographie in Verruf brachte. Man sah die Probleme der Heiligen oft gar nicht und liebte es, sie bis zur Unkenntlichkeit zu verharmlosen. Es war beinahe ausgeschlossen, auf diesem Wege die Heiligen den denkenden Menschen nahezubringen und in ihnen eine Liebe zu den Urbildern zu erwekken. Die vorwiegend moralische und nicht primär religiöse Erfassung der Heiligen führte folgerichtig zu einer Entfremdung. Der Bildersturm war dann nur die letzte Phase und bereitete der oft überladenen Kirchenbemalung ein radikales Ende.

Um die jungen Menschen den Verlust nicht fühlen zu lassen, stellte man ihnen Idole vor Augen. Politische Gewaltmenschen wurden glorifiziert oder, wenn es billigere Ausgaben taten, warb man für nichtssagende Gesichter von Filmstars und muskelstarken Rennfahrern. Die Jugend hat zuerst nicht gemerkt, daß ihr mit diesen Ersatzfiguren das Erstgeburtsrecht der Heiligen um das Linsengericht von Gewaltgötzen entzogen wurde. Sie glaubte an die reklametüchtigen Rattenfänger und setzte sich für sie mit jugendlicher Begeisterung ein. Aber die Enttäuschung blieb nicht aus. Wie ernüchternd hat es gewirkt, als allmählich die Wahrheit über Hitler und Stalin durchsickerte und diese unmenschlichen Gestalten in ihrer makabren Wirklichkeit dastanden! Für die jungen Menschen brach eine Welt zusammen. Von Idolen kann man nicht leben; künstliche Ersatzgebilde haben keinen Bestand. Wir vermitteln unserer Jugend Steine statt Brot, wenn wir sie weiter den ideologisch eingestellten Machtmenschen nachrennen lassen. Es kann daraus zuletzt nur ein Zynismus hervorgehen, der in seiner nihilistischen Gesinnung allem Erhabenen gegenüber die Zunge herausstreckt.

Wie hat sich dieses Geschehen ausgewirkt? Diese Frage zu stellen ist nicht nur gestattet, sondern sogar notwendig. Von der ganzen Bilderstürmerei blieb nur ein großer Scherbenhaufen übrig. Wie die Menschen mit dem Trümmerhaufen von blind zerschlagenen Idealen fertig werden sollen, ist eines der schweren Probleme unserer Zeit. Man hat die Heiligen abgebaut und ist darob arm geworden. Wer eine so einzigartige Gestalt wie Franziskus ausklammert, verzichtet auf das Größte, was es in der Christenheit gegeben hat. Wie will man Persönlichkeiten vom Rang einer Hildegard von Bingen, eines Bernhard von Clairvaux, einer Katharina von Siena und eines Franz Xaver ersetzen? Das ist doch eine Unmöglichkeit! Die Zertrümmerung der Heiligenbilder hatte eine sichtliche Leere zur Folge; es entstand ein Vakuum, aus dem dem Menschen das Nichts gespenstisch entgegengähnte. Noch spüren dies nicht alle Christen mit der gleichen Intensität, weil das turbulente Zeitgeschen ihre innere Stimme übertönt. Doch kann man die Menschen auf die Dauer nicht durch bloße Zerstreuungen vom Wesentlichen ablenken. Es kommt die Zeit, da sie des politischen und sportlichen Jahrmarktes gründlich satt sind und ihnen der an ihnen verübte Betrug schmerzlich bewußt wird. Das noch unklare Unbehangen wird sich immer stärker bemerkbar machen und wird bei den ernster gesinnten Menschen zu einem Erwachen mit Schrecken führen. Die Anzeichen der religiösen Mangelkrankeiten sind schon jetzt wahrnehmbar, führt doch die geistige Unterernährung unweigerlich zu einem katastrophalen Ende. Schuld daran ist unter anderem der Bildersturm mit seinem zurückgelassenen Scherbenhaufen.

Ist das das Ende vom Lied? Darf man diesem Vorgang ruhig zuschauen und ihn hinnehmen? Soll es bei diesem Kahlschlag bleiben? Wollen wir denn nicht merken, was auf dem Spiele steht? Dies geht doch nicht an. Eine dringende Neuaufforstung ist notwendig, eine Aufgabe, die uns übertragen ist. Aus voller Überzeugung sagen wir: Die Heiligen kommen wieder. Wohl sind sie wegen der ihnen zuteil gewordenen groben Vernachlässigung im Raume der Kirche in den Hintergrund getreten, so daß es oft scheint, als wären sie aus ihm entschwunden. Das aber ist ein bloß äußerer Eindruck. Die Heiligen sind durch geheimnisvolle Bande mit der Christenheit unlöslich verbunden. Zwar sind sie gegenwärtig wie ausgelöscht, man redet nicht oder nur selten von ihnen. Doch wird es nicht bei diesem Verstummen bleiben, denn plötzlich werden sie wieder zu den Menschen sprechen. Es gibt eine Wiederkehr der Heiligen, ein Glaube, den wir uns nicht nehmen lassen. Sie bildet eines der Hauptthemen unseres Lebens, an dem wir mit ganzer Seele beteiligt sind. Vielleicht früher, als man denkt, treten die Heiligen wieder durch die Türe der Christenheit ein, leise, unmerklich und unerwartet.

Allerdings werden sie nicht auf eine turbulente Art wiederkehren. Es bedarf keiner sensationellen Formulierungen, um die Aufmerksamkeit der Menschen erneut auf die Heiligen zu lenken. Mit einer bloßen Herausforderung an den Zeitgeist haben sie nichts zu tun. Solche törichten Mätzchen führen zu nichts. Es geht ganz schlicht darum, wieder in die Nähe der Heiligen zu gelangen. Man kann nicht einfach genug von ihnen reden. Je weniger lautstarke Mittel wir einsetzen, um so besser ist es. Auch genügt es nicht, nur phänomenologisch von ihnen zu reden, weil die bloß beschreibende Schilderung nicht ausreicht. Ohne Liebe kann und darf man nicht von den Heiligen berichten; wir fühlen uns zu einem Zeugnis für die heimliche Wiederkehr der Heiligen gedrängt. Die Heiligenverehrung ist für uns unabdingbar: „Verehren ist ein Bedürfnis des Menschen, das ihn adelt. Die Sprache der Verehrung, so anders als die Sprache des Alleswissers und Alles-besser-Wissers, kommt aus dem Grund des Schweigens vor dem Unerreichbaren, dem Verehrungswürdigen, dem Heiligen mit einem Wort. Es befreit von dem Ungeist, der mit allem fertig ist oder fertig werden will."[5] Die Heiligenverehrung läßt sich religiös gut begründen; sie ist alles andere als eine Wucherung am Leibe der Christenheit. Aus einem unausrottbaren Bedürfnis der Volksfrömmigkeit hervorgegangen, ist sie keineswegs nur eine Eigentümlichkeit des Katholizismus. Die Ostkirche verehrt die Heiligen auf ihren Ikonen nicht weniger, und denkt man an die Ikonenecke in vielen Häusern des alten Rußlands, spürt man, wie lebendig die Heiligen in der Familie gegenwärtig sind. Ein Mann der Ostkirche schrieb: „Die Heiligenverehrung ist nichts anderes als eine Gott selbst erwiesene Verehrung, der als einziger der Verehrung und Anrufung würdig ist. Die Heiligen sind keine Vermittler, die sich zwischen Gott und uns stellen, sondern Werkzeuge, deren Gott sich bedient, um seine strahlende Glorie und seine Liebe zu den Menschen zu offenbaren."[6] Die Heiligen sind Zeugen der Großtaten Gottes, die wir nie vergessen dürfen. Die Heiligenbeziehung darf nicht mit der Verherrlichung einer menschlichen Persönlichkeit verwechselt werden. Heiligenverehrung ist kein theologisches Axiom, sondern Ausdruck des Glaubens und gründet sich auf reale Tatsachen.

Freilich ist eine Feststellung klar auszusprechen: Die Heiligen kommen nicht in der gleichen Weise wieder wie früher. Die Geschichte wiederholt sich nicht, noch kopiert sie sich selbst. Das ist stets eine falsche Erwartung, die sich nicht erfüllt. Alles verändert sich, und auch die Heiligen erscheinen bei ihrer Wiederkehr anders. Vor allem dürfen wir sie nicht mehr einseitig auf die Nutzanwendung bewerten. Der moralische Gesichtspunkt, der auf die heroische Tugendhaftigkeit das Hauptgewicht legt, ist nicht völlig auszuschalten, aber er kommt erst in zweiter oder dritter Linie. Religiös müssen diese Gestalten erfaßt werden, weil sie Zeugen des Glaubens sind. Ihre intensive Verbindung mit Christus und die sich daraus ergebende Verkörperung der christlichen Existenz gehören in den Vordergrund. Die Wiederkehr der Heiligen veranlaßt uns, nicht nach den gewöhnlich ungenügenden Lebensbeschreibungen der Boten Gottes zu greifen, sondern vor allem ihre eigenen Worte zu erwägen. Man kann sich nicht genügend in die Worte eines Augustin, eines Franziskus vertiefen. Nach Foucauld ist „der Briefwechsel oft das Beste in den Werken der Heiligen, zum Beispiel beim heiligen Bernhard, der heiligen Therese, dem heiligen Johannes vom Kreuz; hier sind sie am mitteilsamsten, ist ihre Seele am besten sichtbar“ [7]. Jedenfalls sind die Worte der Heiligen bedeutsamer als das, was die Hagiographen über sie geschrieben haben.

Die Zeiten der farblosen Heiligen-Interpretation sind für immer vorbei. Die früheren Darstellungen waren deswegen so ungenügend, weil sie immer nach dem gleichen Schema abgehandelt wurden. Diese Methode kann und darf nicht weiter angewendet werden. Das hergebrachte Klischee der Heiligen war besonders stark durch die Vorschriften der Heiligsprechungsprozesse bestimmt. Jeder Heilige mußte alle Tugenden besessen haben und wurde zu diesem Zweck in ein Prokrustesbett hineingepreßt, das ihm Gewalt antat. Um den Nachweis sämtlicher Tugenden zu erbringen, wurden den Zeugen bei ihrer Einvernahme Suggestivfragen vorgelegt, was zu den bekannten stereotypen Vorstellungen führte. Das ganze Verfahren der Kanonisation ist zu stark vom juristischen Geist bestimmt, während die Heiligen sich herrlicherweise oft keinen Deut um das Kirchenrecht gekümmert haben. Man hat auch dem Nachweis von Wundern eine zu große Bedeutung beigemessen und hat dadurch die Heiligenauffassung verengt und verkürzt. Der Christ ist frei von Wundersucht und Wunderangst; er glaubt an Gott, der Wunder tut. Auch in der Welt der Heiligen ereigneten sich Wunder, doch gab es auch Heilige, die weder zu Lebzeiten noch nach ihrem Tode Wunder vollbrachten. Wunder offenbaren, aber sie begründen nicht die Heiligkeit. Der ärztliche, einwandfreie Nachweis, daß dies ohne jenes Heilungswunder durch diesen bestimmten Heiligen geschehen ist, muß doch wohl offenbleiben.

Wir müssen die Starre des juristischen Heiligsprechungsprozesses überwinden und zu einem lebendigen, weniger kostspieligen Verfahren gelangen, auch um dem Vorwurf zu entgehen, die Kanonisation sei eine Geldfrage.

Ebensowenig kann man den Ratschlag befolgen, die Schilderung der Heiligen nach den Methoden der profanen Biographie auszurichten[8]. Einen Heiligen in ein hypermodernes Gewand zu hüllen, ist zum voraus ein verfehltes Unternehmen. Die Hagiographie darf sich doch nicht auf ein Wettrennen mit den Kriminalromanen einlassen. Einige Schriftsteller haben die Heiligen unter die wissenschaftliche Lupe genommen, aber das Resultat ist mehr als fragwürdig. Entweder ertrank der Heilige in der Gelehrsamkeit, oder er löste sich in der kritischen Fragestellung auf, und am Ende lief alles auf eine bloße Anpassung an den Tagesgeschmack hinaus. Zwischen einer wissenschaftlichen Biographie und einem hagiographischen Werk besteht ein prinzipieller Unterschied. Ein Heiliger ist kein gewöhnlicher Mensch, dem man mit Akribie und Psychologie beikommt. Ebenso sackt die psychoanalytische Betrachtung gerne in eine Enthüllungstendenz ab, die einer unvornehmen Denkweise huldigt. Ganz gewiß sind wir der Wahrheit verpflichtet, aber vom zynischen Wahrheitsbegriff ist nicht viel zu halten. Bonhoeffer sagt mit Recht: „Wer zynisch die Wahrheit sagt, lügt."[9] Deswegen ist das moderne Theater so unbefriedigend, weil es sich viel darauf einbildet, einen Helden ohne Heldentum zu zeigen, wovon keine Ausstrahlung ausgehen kann. Zwar brauchen wir die Heiligen nicht vor der heutigen Nivellierungswelle zu schützen, sondern sie schützen uns vor diesem kläglichen Abbruchgeschäft und befreien uns gleichzeitig vor der verkrampften Apologetik, die nur diejenigen überzeugt, die schon überzeugt sind. Unfaßliche Ereignisse geschehen in einem Heiligenleben, Dinge, die nicht aus Angst vor dem aufgeklärten Zeitbewußtsein verschwiegen werden dürfen. Es gibt im Dasein eines jeden Heiligen viel Unverständliches, doch wäre es unrichtig, würde man dies übergehen oder auf rationale Weise zu erklären versuchen. Natürlich darf die Kritik nicht einfach ausgeschaltet bleiben, aber mit einer bloß kritischen Einstellung verpaßt man die Wirklichkeit der Heiligen, sosehr der heutige Mensch von einer beinahe abergläubischen Kritiksucht erfüllt ist. Auch ist es nicht angebracht, das schlechte Gewissen der rationalistischen Kritik auf religiösem Gebiet dadurch zu beschwichtigen, daß man das Vorgehen mit der Restauration eines Bildes zu beschönigen versucht. Ebensowenig sind wir an einer bloß literarischen Darstellung interessiert, sondern in erster und letzter Linie geht es uns um die religiöse Erfassung einer Heiligengestalt, die man nicht ohne weiteres allen Leuten mit ihrem sogenannten gesunden Menschenverstand mundgerecht machen kann. Einer der Bahnbrecher der neuen Hagiographie sagte einmal: „Wenn sich der Geschichtsschreiber an eine strenge Genauigkeit hält, wird er uns wenig über das Dasein eines Heiligen lehren. Die alten Legenden haben viel mehr darüber zu sagen, weil sie abgründige Wirklichkeiten gleichnishaft wiedergeben."[10]

Es bedarf einer neuen Hagiographie; freilich ist sie heute mehr ein Postulat als eine Wirklichkeit. Wie aber ist eine Hagiographie ohne Stilisierung möglich? Die Zurechtmodellierung lauert allezeit im Hintergrund als die große Gefahr, der oft die besten Biographen erlegen sind. Man entgeht ihr nur, indem man über die heimtückische Falle der Stilisierung Bescheid weiß und entschlossen diesen alten Sauerteig restlos ausfegt. Doch gelingt dies nicht durch die Frage „wie war der Heilige wirklich?", weil keine historische Darstellung sie endgültig beantworten kann. Die Wirklichkeit der Heiligen ist keine gewöhnliche Wirklichkeit, da sie von der profanen und zugleich von der höheren Realität erfüllt ist. Im Wort „zugleich" steckt ein wesentliches Geheimnis. Das alltägliche Dasein wie auch die außergewöhnlichen Taten wollen bedacht sein. Die Kunst der neuen Hagiographie besteht in der Sichtbarmachung beider Geschehnisse, ist doch der banale Alltag des Heiligen ebenso bedeutsam wie seine Verzükkung, und erst beide zusammen führen in die Nähe des Heiligen. Man kann ein Heiligenleben nicht aus dem Ärmel schütteln, und mit der vielgerühmten psychologischen Einfühlung kommt man nur eine Strecke weit, und dann hört die Sache auf. Der Heilige erschließt sich nur durch einen längeren Umgang mit ihm; man muß mit ihm leben, nicht anders, wie ein Dichter mit den Gestalten seines Romanes lebt, die ihr Eigenleben haben und den Autor oft dahin führen, wo er gar nicht hingehen will. Ebenso demütig muß der Hagiograph zum Eingeständnis bereit sein, daß der Heilige viel mehr als er selbst weiß. Er steht über und nicht unter dem Geschichtsschreiber, und der einzig brauchbare Schlüssel zu ihm ist die liebende Freundschaft. Die ehrfürchtige Liebe ist die entscheidende Kategorie. Auf sie kommt es an, und nur auf den angedeuteten Fußspuren erlangt die Hagiographie wieder ein neues Ansehen.

Alle Definitionen des Heiligen sind unzureichend. Es gibt einzig Umschreibungen des Heiligen; nur ein schwaches Ahnungsvermögen vermag seine Bestimmung zu erreichen. Die Heiligen gleichen den Gerechten im Alten Bund, sie sind Kinder der Seligkeit, die in allen Fährnissen die Gewißheit Gottes in sich hatten. Sie sind die großen Nachfolger Jesu Christi, und darum wurden sie schon „Bürger Jerusalems in Babylon" genannt. Das Wesentliche an ihnen liegt darin, daß man sie nicht widerlegen kann. Wir sind von einem Hunger und einem Durst nach den Heiligen erfüllt, und es verlangt uns nach plastischer Anschauung und nicht nach abstrakten Begriffen. Der Christ braucht Richtbilder, nach denen er sich im Leben orientieren kann. Die große Not der gegenwärtigen Literaten besteht darin, daß sie – von verschwindend wenigen Ausnahmen abgesehen – keine positiven Gestalten mehr schaffen können und nur pervertierte Figuren zu schildern vermögen, die mit einem verzerrten Gesicht im Leben stehen. Uns geht es um das wahre Menschenbild, um die Imago Dei; wir verlangen nach einer sinnerfüllten, christlichen Existenz, die im Leben zu bestehen vermag. „An einer starken, frommen Persönlichkeit kann ein verwundeter, zerrissener Mensch sich zurechtfinden, sich gewissermaßen ausheilen, wenn er sich recht eng, aus liebendem Herzen an sie anschließt: nicht indem er sich ihr versklavt, aber indem er unter ihrer heilsamen Kraft gesammelt und fest zu werden sucht wie sie", schrieb Reinhold Schneider[11]. Die Menschen können nicht ohne Leitbilder leben, denn sie allein vermögen den Sinn des Lebens und das Warum der Geschichte anzudeuten. Sie haben die Vorbilder nötig wie das tägliche Brot. Der Mensch kann sich nur an einem

Richtbild zu sich selbst finden, ohne das er in die Irre gehen und sein eigenes Selbst verlieren würde. Deswegen hält er – ob eingestanden oder uneingestanden – so sehnsüchtig nach ihm Ausschau. Auf betonte Art gilt dies für den heutigen Menschen, denn, ob er Christ ist oder nicht, macht ihm doch nur die gelebte Existenz Eindruck. Das Beispiel beschäftigt ihn, nur das Exempel überzeugt, das Vorbildliche allein hat Wert für ihn. Es kommt auf den christlichen Menschen und nicht auf die Ideologen an; der Heilige ist die wesentliche Kategorie, die Gestalt, die keine Mittelmäßigkeit und keinen Konformismus kennt. Der Heilige ist die einzig klare Antwort auf alle unklaren und wehrlosen Erwartungen unserer Gegenwart.

Die neue Sicht des Heiligen ist dem Realismus verpflichtet und keiner schönen Träumerei am Kamin. Der Traum mag romantischer sein als die Realität, aber er verflüchtigt sich beim Erwachen. Wir treten für den Realismus ein, weil wir uns der Wahrheit unterstellen – das allein entspricht dem Evangelium. Die Heiligen sollen ohne jede Schönfärberei dargestellt werden. Offen und wahrheitsgetreu sollen die Verhältnisse, aus denen sie kommen und in denen sie gelebt haben, geschildert werden. Der Sinn für Wahrheit verbietet alle fromme Übermalung. Auch unrühmliche oder beschämende Vorkommnisse, wie beispielsweise die Abschwörung der Jeanne d'Arc nach der Verurteilung, dürfen nicht übergangen werden, wenn darüber auch die Erbaulichkeit zum Kuckuck geht. Allerdings kann der Realismus zuweilen geradezu grausam auf ein zartbesaitetes Gemüt wirken. Bei der Forderung nach einer neuen realistischen Heiligendarstellung denkt man unwillkürlich an Ida Friederike Görres, die als erste Hagiographin mit dieser Erkenntnis Ernst gemacht und damit viele frommen Seelen ebenso erschreckt wie sie wahrheitsliebende Menschen begeistert hat. Wir empfinden den Realismus als eine Begegnung mit der Wirklichkeit. Der Mensch hat die Realität zu respektieren, ob sie ihm nun angenehm ist oder nicht. Wer alle schattenhaften Züge stillschweigend übergeht, malt an einem unlebendigen Bild.

Neben den Realismus gehört der Hinweis auf die göttliche Bezeugung, ohne die der Heilige kein Heiliger wäre. Der Realismus ist nicht Selbstzweck, sondern nur ein Mittel. Der Heilige ist kein Selfmademan, denn bei ihm erfolgt der Einbruch von oben, und er ist ein leibhaftiger Zeuge der Großtaten Gottes. Die Gnade ist sogar das Primäre und steht im Vordergrund. Die göttliche Huld arbeitet am Heiligen, der ihr gegenüber geöffnet ist und ihr Einlaß gewährt. Der Einbruch Gottes ist nicht leicht darzustellen, weil er kaum ein historisch greifbares Faktum ist und sich auch dem neugierigen Blick entzieht. Oft kann die Gnade nur leicht angedeutet werden, aber sie ist da, und dieser Hinweis unterscheidet eine Heiligendarstellung eben von einer profanen Biographie, die wohl spannend und interessant sein kann, aber keinen Bezug auf das Göttliche aufweist. Der Heilige ist aber kein bloß natürliches Wesen, sondern lebt aus dem Übernatürlichen, er ist ein Transparent Christi.

Realismus und Gnade zusammen ergeben die neue Erfassung, um die wir uns bemühen. Freilich besteht zwischen den beiden Polen eine Spannung, die herausgearbeitet sein will, ansonsten man auf bedeutsame Fragen die Antwort schuldig bleibt. Es gibt in jedem Leben Spannungen; das Problem besteht darin, ob der Mensch sie auszuhalten vermag oder ob er an ihnen zerbricht. „Glauben heißt Spannungen – also ungelöste Fragen – ertragen", schrieb John Henry Newman. Die Spannung trägt wesentlich zur Lebendigkeit einer Heiligengestalt bei und verleiht ihr auch das Fesselnde, das uns in Atem hält. Die Heiligen haben die Spannung zwischen oben und unten durchgestanden, oft förmlich durchgelitten, aber sie haben sie nicht umgangen, wie viele ihrer schwächlichen Biographen. Selbstverständlich haben die Heiligen auch Fragen, denn das Fragen gehört zur menschlichen Existenz. Aber sie begnügen sich nicht nur damit, Fragen aufzuwerfen, sondern ringen, bis sie die Antwort gefunden haben. Es sei nur an die Fragen Birgittas von Schweden erinnert. Die nordische Seherin, ganz auf das Ewige ausgerichtet, schaute in einer Vision einen Lehrer der Theologie, dem sie die Worte in den Mund legt: „Ich frage Dich, Richter gib mir Antwort! Du hast mich geschaffen. Du hast mir einen Mund gegeben. Warum soll ich nicht sprechen, wie ich will? Warum hat der Herr dem Manne und dem Weibe den Trieb zur Vereinigung eingepflanzt, da sie doch nicht nach Herzenslust einander lieben könnten? Warum die Menschen nicht geschaffen seinen als Engel, leiblose Geister – oder als Tiere, die sich nicht um Erkenntnis quälen? Warum als zerbrechliche Tongefäße? Warum soll ich mich nach göttlicher Weisheit richten, wenn ich nur weltlichen Verstand habe? Warum mich freuen über mein Leid? Das kann ich nicht! Warum lässest Du Hunger zu, Pest, Rache, warum Krieg? Die Antwort des Herrn ist abgründig."[12] Die überaus kühnen Fragen erinnern an Hiob, und niemand hätte nur von entfernt vermutet, ihnen im Mittelalter bei einer gottliebenden Seele zu begegnen. Birgitta hat sie aufgeworfen, Fragen, die auch in uns brennen und uns geradezu schwesterlich mit der schwedischen Heiligen verbinden. Gäbe es keine Abgründe bei den Heiligen, wüßten wir auch nichts von einem Aufstieg zum Berge Karmel.

Es ist das Kennzeichen der Heiligen, daß sie mit den Härten und Widersprüchen, den Fehlern und Sünden des Lebens fertig geworden sind. Nie haben sie die Antinomien des Lebens elegant überspielt, denn nur zu oft sind sie von ihnen beinahe begraben worden. Der italienische Schriftsteller Silone meinte deswegen: „Das Schicksal mancher Heiliger auf Erden gehört zu den dunkelsten Geheimnissen der Kirche."[13] Was wollen diese Worte über das dunkle Geheimnis anderes besagen, als daß wir nicht alles in einem Heiligenleben verstehen können, namentlich nicht mit dem bloßen gesunden Menschenverstand. Viele Worte und Taten der Heiligen schlagen der bürgerlichen Vorstellungswelt direkt ins Gesicht. Über das Hinwegschreiten der Johanna von Chantal über den sich auf die Türschwelle legenden Sohn, der damit den Eintritt der Mutter in ein Kloster verhindern wollte, sagte mir einmal ein Dominikanerpater, es habe ihr doch offensichtlich im Kopf gefehlt! In Wirklichkeit spielte sich hier ein erschütterndes Drama ab und wühlte das Innerste des Menschen auf. Wenn man sich vor einer Tragödie von Shakespeare verbeugt, sollte man sich auch vor den außerhalb der Norm sich abspielenden Handlungen der Heiligen verneigen. Sie fordern von uns nicht Zustimmung, aber die Ablehnung steht uns ebenfalls nicht zu, vielmehr sollte man mit dem Urteil zurückhaltender sein. Geben wir offen zu, wir stehen bei den Heiligen mehr als einmal wie der Ochs vor dem Berg, und unser Denkvermögen reicht nicht aus, ihr Geschehen zu begreifen. Die Heiligen sind mitten in die Nacht hinausgeschritten, haben die Brücken hinter sich abgebrochen und sind gleich Abraham in ein Land gezogen, das sie nicht kannten und das ihnen Gott zeigte. Mögen die Heiligen auch, äußerlich gesehen, eine schmähliche Niederlage erlitten haben, innerlich haben sie gesiegt. Sie sind, wie unser Herr, durch den Karfreitag zu Ostern gelangt. Der verborgene Sieg ist manchmal nicht auf den ersten Blick sichtbar, sondern unter der Oberfläche nur spürbar. Das ist einer ihrer tiefsten Unterschiede zu den weltlichen Kämpfern, daß man nicht sagen kann: eine große Kraft wurde umsonst vertan. Sie haben ihr Ziel erreicht, Gottes Kraft wurde in ihrer Schwachheit mächtig, und sie gelangten zuletzt in die Nähe Gottes. Er hat sie auf eine ganz wundersame, mit menschlichen Worten gar nicht zu wiedergebende Weise in seine Arme geschlossen.

Die Macht in der Ohnmacht zeigt sich in der von ihnen bei Lebzeiten und auch nach dem Tode ausgegangenen Ausstrahlung. Früher sprach man von der Wirkkraft der Heiligen, was nur ein anderes Wort ist für Ausstrahlung. Die alten Viten sprachen davon, indem sie von den vielen Heilungen erzählten, die an deren Grabe stattgefunden haben. Diese Wunder erwecken den Unwillen des modernen Lesers. Er knirscht mit den Zähnen und murmelt einige Worte über die schreckliche Leichtgläubigkeit der Menschen früherer Zeiten, wenn er nicht gar alles mit dem Verdikt eines reinen Aberglaubens abtut. Aber da ist er wieder einmal zu kurz gesprungen und hat ein fatales Unvermögen verraten, metaphysische Ereignisse zu begreifen. Die erwähnten Vorkommnisse besagen nichts anderes, als daß die Heiligen leben und nicht tot sind. Würden sie nicht leben, könnten sie auch nicht wiederkommen. Großartige Wirkungen sind von ihnen ausgegangen. Ein Zeitgenosse von Franziskus bezeugte, „in ihm und durch ihn erfuhr die Welt eine unverhoffte Besserung und eine Erneuerung in Heiligkeit“. Und ebenso berichten die alten Chroniken, daß nach seinem Hinscheiden der Segen aufhörte und Kriege ausbrachen. Die Sendung der Heiligen bleibt nie ohne Früchte. Der Christ kann heute noch mit den Heiligen als Freund, Gefährte, Lehrer und Helfer in eine intensive Beziehung treten. Der Heilige bewirkt eine Umwandlung des Lebens derer, die auf ihn wirklich hören. In einem echten Verhältnis zwischen den Heiligen und den Menschen geht etwas hin und her. Sie sind helfende Gestalten und schenken geistige Kräfte. Die altväterische Bezeichnung ‚Nothelfer' war deswegen gar nicht so falsch, jedenfalls besteht kein Anlaß, uns über sie lustig zu machen, sondern wir müssen sie nur neu formulieren. Wahrhaftig, die Ausstrahlung ist ebenso offenbar als verborgen und wird auch den heutigen Bildersturm überdauern.

Damit verbindet sich noch eine Frage: Führt die Wiederkehr der Heiligen nicht vom zentralen Problem ab, um das es dem heutigen Menschen geht: Existiert Gott, oder existiert er nicht? Viele quälen sich mit dieser Frage, weil sie keine eigene Gotteserfahrung besitzen. Sie sind deshalb in Gefahr, ins Bodenlose abzugleiten. Sollte man sich nicht zu ihnen an den gleichen Tisch setzen und die zentralen Probleme unvoreingenommen erörtern, statt sie durch eine scheinbare Nebenfrage wie die Heiligenbeziehung zu bedrängen? So kann und so darf man fragen, warum auch nicht, aber die Antwort ist nicht allzuschwer zu finden. Wenn man das Religiöse nur auf die Anerkennung eines höchsten Wesens reduzieren will, befindet man sich eindeutig auf dem Weg zu einem farblosen Deismus, der, christlich gesehen, immer der Anfang vom Ende ist. Die Heiligen dürfen nicht isoliert betrachtet werden, als handle es sich um die Lieblingsidee eines Fachgelehrten. Alle Spezialisten-Auffassung führt in eine Sackgasse, in die man sich gewöhnlich selbst hineinmanövriert hat. Statt einer einseitigen Verkürzung der Wahrheit reden wir der Fülle des Göttlichen das Wort. Die Heiligen gehören zum Bau der Christenheit wie die Trinität, wie die Heilige Schrift, wie die Sakramente. Sie führen uns als unsere älteren Brüder und Schwestern zu Christus, sie sind die besten Bibelexegeten, weil sie nie durch eine philologische Wortklauberei ihre Verlegenheit vor der Wahrheitsfrage tarnen, sondern das gelebte Leben verkörpern. Johannes vom Kreuz schrieb den Leitsatz nieder: „Nimm dir nie einen Menschen, so heilig er auch sein mag, zum

Vorbild für dein Handeln, da der böse Feind dir seine Unvollkommenheiten vor Augen halten wird! Folge vielmehr Jesus Christus nach, der die höchste Vollkommenheit und Heiligkeit ist, und du wirst nie irre gehen."[14] Ein Heiliger gab diesen Ratschlag, und tatsächlich folgen wir den Heiligen nur, soweit sie uns durch ihre Worte und Taten helfen, Christus noch getreuer nachzufolgen. Die Heiligen verkörpern die christliche Existenz, sie sind die besten Lehrmeister für den Umgang mit Gott, und sie führen uns unmittelbar vor den brennenden Dornbusch. Es gibt nichts Anschaulicheres und Lebendigeres als die Heiligen; sie sind die vorbildlichen Menschen, die Gott vor Augen haben, als sähen sie ihn.

Aus der Einsicht, daß die Heiligen unsere besten Lehrmeister sind, mahnt der Hebräerbrief seine Leser: „Gedenket an eure Lehrer, die euch das Wort Gottes gesagt haben; ihr Ende schauet an, und folget ihrem Glauben nach."[15] Man darf sie nicht schnell vergessen, haben sie uns doch Unermeßliches gelehrt. Zuerst und zuletzt aber kommt es auf die Nachfolge an, denn ohne sie bleibt alle Heiligenbeschäftigung ein bloßes historisches Spiel, in dem das Christsein keinen existentiellen Charakter annimmt. Heil und Heiligkeit gehören zusammen.

„Die Kirche hat nicht Reformatoren, sondern Heilige nötig", schrieb Georges Bernanos[16]. Das Wort verdient eine eingehende Meditation, stammt es doch von einem Manne, der über beide Erscheinungen nachgedacht hat. Die Bestrebung, den christlichen Dachboden zu entrümpeln, ist begreiflich, aber er führt in der Regel nur zu schwächlichen Reformen und nicht zu einer kraftvollen Reformation, die man nicht künstlich machen kann. Die meisten Reformationen haben, gegen ihre ursprüngliche Absicht, nur eine bedauerliche Spaltung eingeleitet, die zu überwinden überaus schwer ist. Selbst die großen Reformatoren des Karmel vermochten dieses Unglück nicht zu vermeiden. Es ist dem Schicksal der Propheten ähnlich, die ihrem Volke helfen wollten und dabei nur seinen Zorn erweckten. Deswegen hat das Volk seine Propheten gesteinigt, seine Heiligen aber hat es immer geliebt. Es hat gespürt, daß von den Heiligen eine verbindende Kraft ausgeht und daß sie es vermochten, verfeindete Menschen zu versöhnen. Im übrigen heilt man die Kirche nicht, indem man Mißstände beseitigt, das wäre eine zu vereinfachte Methode. Die Kirche reformiert man nur durch Leiden, und dieses Leiden haben vor allem die Heiligen auf sich genommen. Um ihres Leidens und ihrer Sühneleistung willen kommt ihnen eine nicht zu überschätzende Bedeutung zu.

Von den Heiligen darf man nur im Stile des Anrufes sprechen. Mögen die heutigen Menschen in ihrer unangebrachten Empfindlichkeit einen Anruf sofort als eine Predigt auffassen und einwenden: Darauf bin ich nicht ansprechbar, da fehlt mir das Organ, und sich sofort davon abwenden, so fällt diese Übersensibilität auf sie selbst zurück. Die Sache der Heiligen erfordert eindeutig den Stil des Anrufes, ob das nun dem modernen Menschen gefällt oder nicht, spielt gar keine Rolle. Es liegt im Wesen der Heiligen beschlossen, daß von ihnen ein Impuls ausgeht und sie auf Verwirklichung drängen. Man kann sich ihrem Anspruch nicht ernsthaft entziehen. Theresia von Avila hat dieses Anliegen meisterhaft formuliert: „Gleich heißt es da: ‚Wir sind keine Heiligen.‘ Gott behüte uns davor, meine Schwestern, wenn wir irgendeine Unvollkommenheit begehen, zu sagen: ‚Wir sind keine Engel, wir sind keine Heiligen.‘ Sind wir es auch nicht, so bedenket, daß wir es, wenn wir uns anstrengen, mit der Hilfe Gottes werden können. Dieser Gedanke wird euch großen Mut einflößen. Fürchtet nicht, es werde an Gott fehlen; nein, an uns fehlt es.“[17] Wir sind nach der Bibel zur Heiligkeit aufgerufen: „Der Wille Gottes ist eure Heiligung“, heißt es im ersten Thessalonicherbrief[18]. Die Heiligung ist lehr- und lebbar und bleibt neben der Schöpfung und der Erlösung das dritte große Thema des Christentums. In ihr liegt unsere ganz persönliche Lebensgestaltung, deren Verantwortung uns niemand abnehmen kann.

Donoso Cortés schrieb: „Nur Heilige sind heute noch imstande, den erkrankten Nationen die gewünschte Rettung zu bringen.“[19] Mit bloßen Strukturänderungen ist nicht viel geholfen, jedenfalls heilt man damit die ansteckende Krankheit des Herzens gewiß nicht. Die bedeutungsschwere Äußerung des Spaniers gibt uns zu denken, denn wer wollte im Ernst bezweifeln, daß die Völker gegenwärtig schwer krank sind? Bei einer weiteren Überlegung wäre die Frage berechtigt: Was wäre die Welt ohne die Heiligen? Würde sie überhaupt noch bestehen, oder wäre sie nicht schon längst in ein schreckliches Chaos versunken? Nach der Offenbarung Johannes' leistet einzig „das Heerlager der Heiligen" ernsthaften Widerstand[20].

Zum Abschluß erinnere man sich der Ausführungen eines Mannes, der am stärksten die neue Sicht der Heiligen hervorgehoben hat. Georges Bernanos ließ seine Rede über die heilige Johanna in die Worte ausklingen, die man nicht im konfessionellen Sinne verstehen darf, sondern die gegen einen anmaßenden Klerikalismus gerichtet sind: „Unsere Kirche ist die Kirche der Heiligen. Vom Oberhirten herab bis zu den kecken Ministrantenbengeln weiß jedermann, daß im Heiligenkalender sehr wenige politische Prälaten und schönrednerische Äbte vorzufinden sind. Hieran kann nur ein wohlbestallter Biedermann Zweifel hegen, dem goldene Ketten bäuchlings klimpern und der findet, daß die Heiligen es zu eilig haben, da er mit kleinen Schrittchen gemächlich sich ins Paradies begeben möchte wie mit Gevatter Pfarrer in die Kirchenvorstandssitzung. Unsere Kirche ist die Kirche der Heiligen. Achtung vor aller braven Nachhut von Intendanten, Sicherheitsbeamten und Schreibern, unser Herz jedoch schlägt für die Vorhut, es gehört den Mutigen, die ihr Leben zum Opfer bringen. Keiner von uns, der seine Bürde trägt – Beruf, Familie, Vaterland, mit sorgenhagerem Antlitz, arbeitsharten Händen, keiner von uns, die wir um unser täglich Brot kämpfen und die Ehre unseres Hauses verteidigen müssen, keiner von uns wird jemals genügend Theologie erlernen, um auch nur Domherr sein zu können. Wohl aber wissen wir genug, um Heilige werden zu können."[21]

QUELLENNACHWEIS

[1] Nietzsches Werke, 1923, Bd. I, S. 438; [2] ibid., Bd. XV, S. 403; [3] ibid., Bd. XV, S. 116; [4] Martin Buber: Die Erzählungen der Chassidim, 1949, S. 790; [5] Richolet: Kirche, deine Heiligen, 1970, S. 13; [6] Heiligkeit gestern – Heiligkeit heute, o. J., S. 167; [7] Die Schriften von Charles de Foucauld, 1961, S. 361; [8] Heiligkeit gestern – Heiligkeit heute, S. 81; [9] Bonhoeffer: Widerstand und Ergebung, 1961, S. 119; [10] G. Bernanos: Der hl. Dominikus, 1950, S. 13; [11] R. Schneider: Gelebtes Wort, 1961, S. 319; [12] R. Schneider: Pfeiler im Strom, 1958, S. 187; [13] I. Silone: Das Abenteuer eines armen Christen, 1969, S. 210; [14] Johannes v. Kreuz: Sämtliche Werke, 1929, Bd. V, S. 70; [15] Hebr. 13,7; [16] Albert Béguin: Georges Bernanos, 1958, S. 146; [17] R. Schneider: Gelebtes Wort, S. 316; [18] 1 Thess. 4,3; [19] Donoso Cortés: Briefe, 1950, S. 136; [20] Offb. Joh. 20,9; [21] G. Bernanos: Johanna, Ketzerin oder Heilige?, 1934, S. 79/80.

ELISABETH VON THÜRINGEN

I

Über Elisabeth von Thüringen (1207–1231) ist im Laufe der Jahrhunderte vieles geschrieben worden. Die Ausführungen Mechthilds von Magdeburg gehören zum Besten, was über sie gesagt wurde. Die Verfasserin des wundersamen Werkes „Das fließende Licht der Gottheit" war nur wenige Jahre jünger als Elisabeth und von einer nicht geringeren Gottesminne durchglüht. Die mit dichterischer Kraft begabte Mystikerin zählte Elisabeth zu den fünf Boten, die Gott zu der „verbosten Christenheit" gesandt habe. Sie faßte ihre sinngebende Deutung in die Worte zusammen: „Daß St. Elisabeth so bald heilig wurde und nur so kurze Zeit unter der Erde lag, darüber belehrte mich unser Herr und sprach: ‚Es ist der Boten Recht, schnell zu sein. Elisabeth ist und war ein Bote, den ich gesandt habe zu den unseligen Frauen, die in den Burgen saßen und die so sehr mit Unkeuschheit durchflossen waren und so gänzlich mit Hochmut überzogen und ständig mit Eitelkeit all so sehr umfangen, daß sie von Rechts wegen in den Abgrund hätten fahren müssen. Ihrem Vorbild ist manche Frau gefolgt, soweit sie es wollten und konnten.'"[1]

Die Ausführungen der lichtvollen Mechthild sind von entscheidendem Gewicht, denn sie wendet den einzig zutreffenden Gesichtspunkt auf Elisabeth an und hebt die ihr allein adäquate Kategorie hervor: ihre Sendung. Durch die Betonung des Auftrages enthüllt sich das wahre Antlitz der Heiligen. Für Mechthild gehörte Elisabeth nicht zu jenen vielen Frauen, die gedan-

[1] Mechthild von Magdeburg, Das fließende Licht der Gottheit, ed. Margot Schmidt, 1955, S. 263.

kenlos über die Erde gehen und zuletzt selbst nicht wissen, warum sie eigentlich gelebt haben. Vielmehr war die thüringische Burgherrin eine von Gott gesandte Botin. Sie hatte eine Aufgabe vom Allmächtigen mit auf den Lebensweg bekommen und setzte alles daran, die ihr übertragene Mission auch zu erfüllen. Stets ist die Funktion eines Menschen im göttlichen Heilsplan bedeutsam. Die Sendung verleiht einem Menschenleben den göttlichen Glanz, umreißt seinen tieferen Lebensinhalt und bringt das Geheimnis seiner Seele zum Leuchten. Mechthilds Worte eröffnen das religiöse Verständnis Elisabeths und fegen alle nationalistischen Rauchschwaden hinweg, die ihr echtes Bild nur verdunkelt haben.

Nach Mechthilds Aussage ist Elisabeth eine Botin, die „zu den unseligen Frauen, die auf den Burgen saßen", gesandt war. Die Autorin des „Fließenden Lichtes der Gottheit" brachte Elisabeth vorwiegend zu der Frauenwelt in Beziehung, zu den vornehmen Damen des Adels. Von ihnen entwirft die vom Wunder Gottes verwundete Mystikerin kein einschmeichelndes Bild, das zu den harten Bußworten von der „ungetreuen Christenheit" auch nicht passen würde. Kein Kenner des Mittelalters wird die Berechtigung von Mechthilds Vorwürfen an die damalige Frauenwelt bestreiten. Die Vorstellung von der guten alten Zeit, da die Frauen sich züchtig kleideten, noch nicht die Formen ihres Leibes zur Schau trugen und nicht von dem dummdreisten Verlangen geplagt waren, es unter allen Umständen den Männern gleichzutun, ist ohnehin eine trügerische Mär. Zu allen Zeiten bedrohten Oberflächlichkeit und Gedankenlosigkeit die Menschen; damals wie heute waren sie in Versuchungen und Lastern verstrickt. Die Frauen auf den Burgen waren in ihrem Seelenheil gefährdet; nach Mechthilds scharfem Verdikt „hätten sie von Rechts wegen in den Abgrund fahren müssen". Zu ihnen war Elisabeth gesandt, weil sie eine fürstliche Frau war, vertraut mit allem, was frauliches Fühlen und frauliches Denken bewegt. Elisabeths Sendung mit den Frauen in engsten Zusammenhang zu bringen bedeutet keine ungebührliche Einschränkung ihres Auftrages. Nur der Erlöser war zu allen Menschen gesandt, abgesehen von ihm, gibt es keine Allerweltsmission; nur überschwenglicher Idealismus will gleich das gesamte Universum bestürmen. In religiöser Hinsicht gibt es immer nur konkrete Aufgaben, die sich auf einen bestimmten Kreis von Menschen beziehen. Es gab Heilige, die zu der Jugend, andere wiederum, die zu einem Land gesandt waren; Elisabeth aber hatte der Frauenwelt eine Botschaft von Gott zu bringen, die ihr Heil und Verderben vor Augen rückte.

Die Frage nach der Sendung allein vermag die Heilige in die wahre Sicht zu stellen und sie aus dem Schema einer sentimentalen Erbaulichkeit zu befreien. Bei aller Gradlinigkeit war Elisabeth nicht einfach; ihr ewiges Antlitz gibt heute dem Liebhaber der Heiligen mehrere Rätsel auf. „Die Heiligkeit", schreibt Bernanos, „ist auf keine Formel zu bringen oder vielmehr: auf alle. Sie umschließt und überhöht sämtliche Kräfte, sie verwirklicht die in eine einzige Ebene hinabgezwungene Verdichtung der allerhöchsten Fähigkeiten des Menschen. Um die Heiligkeit auch nur zu erkennen, bedarf es einer Anstrengung, einer Teilnahme gewissermaßen an ihrer Lebensform, an ihrem unsäglichen Aufschwung."[2] Elisabeths Wirklichkeit umfaßte zugleich die höchste Gnade und die banalste Alltäglichkeit; sie stand in einem die Finsternis erhellenden Licht, und ihr tiefstes Geheimnis war eine aus dem Ewigen hervorbrechende Liebe.

II

Jeder Mensch ist in seinem Denken und Tun von seiner Zeit beeinflußt. Ohne Beachtung des Jahrhunderts kann die Leistung einer Gestalt gar nicht richtig ermessen werden. Die Bewertung eines Lebens ist nur im Vergleich zu den Zeitgenossen möglich. Die Rede vom dunklen, im finsteren Aberglauben versunkenen Mittelalter ist längst überholt. Ebenso verfehlt die romantische Verklärung des Mittelalters als einzig normativer Epoche die wahre Sicht. Vielmehr ist auch der mittelalterliche Zeitraum wie jede Geschichtsepoche von Licht und Schatten erfüllt; es findet sich in ihm ebenso Hinreißendes wie auch Abstoßendes. In

---

[2] G. Bernanos, Der heilige Dominikus, 1950, S. 11.

ihm wurden die himmelwärtszeigenden Dome gebaut, lebten die über sich hinausstrebenden Heiligen und blühte das Ideal des die Schwachen beschützenden Ritters. Das Mittelalter war auch von den Machtkämpfen zwischen Kaiser und Papst durchtost, es loderten die Scheiterhaufen, auf denen die Ketzer ihren Märtyrertod erlitten; sinnliche Weltlust wechselte mit asketischer Bußübung ab. Elisabeth wurde in diese bunte, reichbewegte Zeitepoche hineingeboren, sie ist eine Tochter der mittelalterlichen Welt, und ihre religiöse Sendung hebt sich leuchtend vom damaligen zwielichtartigen Hintergrund ab.

Durch die deutschen Lande hallte in jener Zeit die Kreuzzugspredigt: Wo zwei Männer in einem Hause sind, eile *einer* dem Heiligen Lande zu Hilfe. Die Kreuzzugsstimmung drückte jener Epoche den Stempel auf; auch Elisabeth vermochte sich ihr nicht zu entziehen und brachte mit ihrem Gemahl zusammen der Strömung sogar ein schweres Opfer. Zunächst ist Elisabeths Frömmigkeit vom Aufruf zum Kreuzzug geprägt, und erst im Laufe ihrer Entwicklung wuchs sie darüber hinaus.

Der Herkunft nach stammte Elisabeth von ungarischen Königen ab. Die Magyarin war eine fremde Erscheinung in Deutschland. Sie gehörte von Geburt an auf die Seite der Mächtigen, obschon der Aufstieg ihres Geschlechtes mit einem jähren Sturz endigte. Ihre Mutter, die Königin Gertrud, war eine stolze Frau; sie begünstigte ihre deutschen Verwandten und fiel wegen ihrer Raffgier einem grauenhaften Mordanschlag zum Opfer. Elisabeth war ein hübsches Mädchen. Aus dem bräunlichen, von schwarzen Haaren umrahmten Antlitz schauten zwei große, dunkle Augen. Ein authentisches Bild von ihr existiert nicht. Die bekannte Statue am Zelebrantenstuhl in der Marburger Elisabethenkirche stellt eine gotische Figur mit schmalen Schultern und kindlichem Körper dar; das kleine Gesichtchen wird von der großen Kopfbedeckung beinahe erdrückt. Aus dynastischen Gründen wurde Elisabeth schon als Kind verlobt. Die Eltern bestimmten es zur Ehe mit dem Sohn des Landgrafen von Thüringen, und man legte den „Knaben Bräutigam und das Kindchen“ in dasselbe Bett. Das vierjährige Mädchen wurde in einer mit seidenen Tüchern ausgeschlagenen, silbernen Wiege an den thüringischen Hof gebracht, begleitet von einem reichhaltigen Brautschatz nebst der Versicherung, es werde später noch mehr folgen. In der frühen Trennung von der Mutter und in der Verpflanzung in ein anderes Land kündigt sich bereits das ungewöhnliche Schicksal an: Fern von der Heimat wuchs sie unter fremden Menschen auf und verankerte sich dafür um so stärker im Ewigen.

Am thüringischen Fürstenhof lernte Elisabeth die höfische Kultur kennen. Das vorgeschriebene Zeremoniell – nicht ganz frei von steifer Langweiligkeit – verpönte alle Ungebundenheit und Nachlässigkeit. Für das heutige Empfinden fehlt ihm Unmittelbarkeit und Natürlichkeit. Das höfische Leben schloß einen Sinn in sich, die Form prägte es und verlieh dem Menschen eine Haltung, es war in eine Ordnung eingebettet und verfügte noch über Stil. Dank der höfischen Gemessenheit lernte Elisabeth sich benehmen und kleiden, sie stand den gesellschaftlichen Veranstaltungen nicht hilflos und linkisch gegenüber. Das heranwachsende Mädchen beherrschte die Spielregeln der vornehmen Gesellschaft, es strahlte einen anmutigen Liebreiz aus, und man kann ihm nicht Unkenntnis des Weltlebens vorwerfen. Von frühester Jugend an war ihm Glanz und Elend des fürstlichen Lebens vertraut – dies darf trotz des trügerischen Scheines nicht übersehen werden.

Die Erziehung besorgte die Landgräfin Sophie. Sie war zunächst Elisabeths Pflegemutter und hernach ihre Schwiegermutter. Ihr Bild wurde von der Legende aller Wahrscheinlichkeit nach verzeichnet: Die böse Schwiegermutter erschwerte Elisabeth das Leben! Reine Harmonie herrschte gewiß nicht zwischen den beiden Menschen, da es der Landgräfin nicht gelang, Elisabeth nach dem traditionellen Schema zu formen. Gelegentlich gab es Zusammenstöße zwischen den beiden weiblichen Wesen, der Mißklang tönt noch aus Sophies wütendem Vorwurf: „Elisabeth, du verdientest unter die Zahl der dienenden Mägde, nicht aber der herrschenden Fürsten gezählt zu werden.“ Später dichtete man das Bild der haßerfüllten Schwiegermutter zur frommen Frau um. Beide Auffassungen gehen an der geschichtlichen Wirklichkeit vorbei. Die Tochter aus dem Wittelsbacher Haus war eine hoheitsvolle Frau, sie hat Elisabeth die gesellschaftlichen Umgangsformen beigebracht und ihre religiöse Erziehung im konventionellen Sinne überwacht. Die schweren Eheerfahrungen haben auf die Landgräfin vertiefend gewirkt. Vier Jahre nach dem Tode ihres Gatten ist Sophie in das Zisterzienserinnenkloster in Eisenach eingetreten, ein unmißverständliches Zeichen dafür, daß der Geist der Frömmigkeit sie in den reiferen Jahren erfaßt hat. Beim Klostereintritt schenkte sie Elisabeth das mit Miniaturen ausgemalte Psalterium, doch darf die Gabe für die Frömmigkeitsbildung Elisabeths nicht überbewertet werden.

Ein schlechtes Vorbild dagegen gab Elisabeth ihr Pflegevater, der Landgraf Hermann, der alles andere als ein Ritter ohne Furcht und Tadel war. Zwar lebte in ihm ein Interesse für Kunst, das jedoch nicht zu ihrem tieferen Sinn vorstieß. Hermanns zerfahrener Charakter wies sich in politischer Beziehung äußerst unzuverlässig aus: Schlau wie er war, wollte er stets auf der Seite der Sieger stehen. Der skrupellose Fürst liebte ein üppiges Leben, das sich bis zur Verschwendung steigerte. Er zog berühmte Sänger an den Hof, man veranstaltete ausgelassene Festlichkeiten, an denen sie ihre Minnelieder vortrugen. Sowohl die politische Grundsatzlosigkeit als auch die Zügellosigkeit brachten Hermann an den Rand des Abgrundes, sein Gemüt verdüsterte sich, und zuletzt starb er im Kirchenbann, den seine Witwe durch den Eintritt ins Kloster sühnte.

Die heranwachsende Elisabeth sah von frühester Jugend an das leichtlebige Treiben am Hof; es wirkte sehr abstoßend auf sie. Ihr eigenes Dasein stellt eine deutliche Reaktion gegen die auf großem Fuß lebende Gesellschaft dar. Sie fühlte sich durch das protzige und intrigenreiche Hofleben zu einer entgegengesetzten Haltung gedrängt. Eines kann ihr jedenfalls nicht vorgeworfen werden: sie habe das prunkvolle Weltleben gar nicht gekannt. Sie hat nicht verlassen, was sie nie gesehen hat. Im Gegenteil, sie war mit dem glänzenden Schein des höfischen Lebens durchaus vertraut. Von Jugend an wußte sie genau, wie sich die „unseligen Frauen, die in den Burgen saßen“, kleiden und wie sie sich vorteilhaft zu schmücken pflegen, wie sie sich mit neidvollen Blicken gegenseitig messen und gleich Vipern einander boshafte

Bemerkungen zuzischen. Die mit Hochmut überzogenen und von Eitelkeit besessenen vornehmen Damen hatte Elisabeth aus nächster Nähe gesehen, aber sie verstrickte sich nicht selbst in das Trügerische des höfischen Daseins, sondern schritt, von der inneren Stimme geleitet, unbeirrt ihrer so andersartig gerichteten Sendung entgegen.

III

Die zur Gattin des Landgrafensohnes bestimmte Elisabeth wurde in ihrem vierzehnten Altersjahr an einem herrlichen Sommertag mit Ludwig IV. vermählt. Das junge Paar unternahm zunächst eine Reise nach Ungarn. Bei dieser Gelegenheit erfuhr Elisabeth die näheren Einzelheiten über die furchtbare Ermordung ihrer Mutter. Nachher bezogen die beiden Neuvermählten die Wartburg, die dreihundert Jahre später nochmals durch Luthers Aufenthalt berühmt wurde. Mit ihrer Verheiratung widerfuhr Elisabeth das fraulichste Erlebnis, das einem Weibe beschieden sein kann. Auch in dieser Beziehung kann man von ihr nicht sagen, sie habe den weiblichen Bereich gar nicht aus eigener Erfahrung gekannt und habe sich in ihrer Weltfremdheit nie zu einem hochzeitlichen Fest gerüstet. Sie hat die Ehe mit allen Fasern ihrer Gefühlskraft erlebt und hat ihrem Gatten gegenüber einen fraulichen Charme voller Zartheit und Anmut entfaltet.

Elisabeths Ehe wurde aus dynastischen Gründen und nicht aus einer persönlichen Neigung betrieben; trotzdem war es eine über alles Erwarten glückliche Gattengemeinschaft. Auch in der damaligen Ordnung, wo die Eltern die Eheschließung der Kinder bestimmten, erblühte manchmal ein herzliches Minneglück zwischen zwei Liebenden. Elisabeth war keine abweisende, kalte Frau, die bei jeder zärtlichen Annäherung gleich mimosenhaft zurückwich oder ein momentanes Kopfweh vorschützte, nein, sie war ein überaus warmer, gefühlvoller Mensch, der nach Liebe und Geborgenheit hungerte. Die beiden Gatten kannten sich von Kindheit an, die gleiche Mutter hatte sie erzogen, sie nannten sich auch nach ihrer Vermählung Bruder und Schwester. Zwischen ihnen gab es schon früh eine dermaßen vertraute Liebe, wie sie sonst nur lang vermählte Ehegatten füreinander empfinden. „Ihrer beider Herzen hatten sich in süßer Liebe miteinander so verbunden, daß sie nicht lange voneinander getrennt sein mochten", steht in Kaplan Bertholds Chronik, ganz im Gegensatz zu der prüden Aussage des letzten Jahrhunderts: „Wir können uns nicht entschließen, die Landgräfin auf der Wartburg in weltlicher Beleuchtung zu sehen."[3] Warum auch nicht? Dies ist doch keine Sünde! Mit den kleidsamen Gewändern wollte Elisabeth allezeit ihrem Gemahl gefallen. Kehrte Ludwig heim, dann flog ihm Elisabeth entgegen, umarmte ihn in voller Freude, und mit der Leidenschaft ihres ungarischen Blutes „küßte sie ihn mehr als tausendmal herzlich auf den Mund". Wahrhaftig, die küssende Elisabeth wußte, was Gattenliebe war, zärtlich und warmherzig umschlang sie Ludwig, auch hierin sich ganz und nicht nur halb schenkend, lebend aus einer starken Liebesfähigkeit. Dank der seelischen Harmonie wirkte sich Eros zwischen Elisabeth und Ludwig so aus, daß es zwischen den beiden zusammenschwang und -klang; es war eine innige Entfaltung des sakramentalen Charakters der ehelichen Minne, süß und duftig, kosend und holdselig.

Am Glück der Ehe war Ludwig wesentlich beteiligt, er, der nach einer alten Chronik gewürdigt war, „Elisabethens Bettgenosse zu sein" und den neuere Biographen schon „die Gnade in ihrem Schicksal" genannt haben. Ludwig war ein ganz anderer Mann als sein leichtfertiger Vater, er war ernster gesinnt und keineswegs nur eine Drahtpuppe in Elisabeths Hand. Von der intrigenreichen Ohrenbläserei am Hofe ließ er sich nicht beirren und hielt treu zu Elisabeth: „Siehst du den großen Berg vor uns liegen? Wäre der aus rotem Gold, so wäre er mein, und doch würde ich meine liebe Buhle Elisabeth vorziehen. Man sage, was man sage, so spreche ich es doch aus, daß sie mir sehr lieb ist und daß ich auf diesem Erdreich nichts Lieberes habe." Jeden Gedanken der Untreue gegenüber Elisabeth, den ihm andere Ritter suggerierten, wies Ludwig mit Entschiedenheit von sich, denn

[3] Heselbech, Die hl. Elisabeth und ihr Beichtvater, in: Franziskanische Studien (1931), 297.

er war nicht gewillt, seine „liebe Gemahlin zu betrüben“. Einmal lag sie nachts wachend neben Ludwig im Bett und sagte zu ihm: „Mein Herr, wir sollten ein gutes und armes Leben führen, durch das wir Gott dienen können.“ Auf die Frage, wie sie sich dieses Leben vorstelle, antwortete Elisabeth voll köstlicher Naivität: „Ich wollte, wir hätten nur einen Acker Land und zweihundert Schafe. Ihr würdet das Land mit Euren Händen bebauen, und ich würde die Schafe melken.“ Der spielerische Gedanke Elisabeths entlockte Ludwig ein Lächeln, er schalt sie nicht eine Phantastin, die Utopien nachhänge, sondern erwiderte ihr: „Ich beglückwünsche dich zu deiner Kindlichkeit.“ Die Antwort Ludwigs bekundet, wie tief er das Wesen seiner Frau erfaßt hatte; er wußte um ihre unverdorbene Kinderseele, die in ihrer Lauterkeit gar nichts Hinterhältiges hatte und den Reiz ihrer Ehe erhöhte.

Dem gesegneten Ehebund zwischen Elisabeth und Ludwig wurden Kinder geschenkt. Mit fünfzehn Jahren schon gebar Elisabeth ihr erstes Kind, erlebte den Mutterschmerz und die Freude, ein kleines Geschöpfchen an ihre beinahe noch mädchenhafte Brust zu drücken. Ein zweites und drittes Kind folgte, sie war von ihren Kindern umgeben, redete und spielte mit ihnen. Das mütterliche Element fehlte in Elisabeths Leben nicht. Auch in dieser Beziehung war ihr ein erfülltes Dasein beschieden, dem nichts Frauliches fremd blieb.

Vor allem besaß Ludwig ein seltenes Verständnis für die nicht alltägliche Eigenart seiner Gattin, namentlich für ihre ausgeprägten religiösen Neigungen. Nie stellte er sich ihr hindernd in den Weg, er ließ sie frei gewähren und freute sich an ihren Bestrebungen. Wenn Elisabeth nachts aufstand und dem Gebet oblag, stellte sich Ludwig oft schlafend, nur manchmal „hielt er ihr die Hände und sagte: ‚Liebe Schwester, schone dich selbst und lege dich zur Ruhe.‘“ Bei dieser Gewohnheit ereignete sich einmal jene lustige Begebenheit, daß die hierfür angehaltene Dienerin Isentrud, die Elisabeth in einer späten Stunde durch Zupfen an der Zehe wecken mußte, in der Finsternis die Fürstin verfehlte und Ludwig an der Zehe ergriff, der jedoch gar nicht aufgebracht war über die Störung der Nachtruhe und über das Mißgeschick der Dienerin großmütig hinwegging. Ein anderes Mal legte Elisabeth in seiner Abwesenheit einen Aussätzigen in ihres Gatten Bett. Die Schwiegermutter, über die Ansteckungsgefahr aufgebracht, meldete es ihrem Sohn. Ludwig schaute nach, erblickte jedoch unter der aufgehobenen Decke statt des Kranken ein Kreuz mit dem gemarterten Herrn daran, so daß er zu Elisabeth bemerkte: „Liebe Schwester, solche Gäste sollst du mir gar oft in mein Bett legen; das geschieht zu unserem Dank." Die beiden Ehegatten waren im Tiefsten, was Menschen miteinander verbinden kann, im Göttlichen, einig, und dank der gemeinsamen Blickrichtung „war der heilige Engel zwischen ihnen oft Bote". Die geheimnisvolle Aussage leuchtet tief in das Erleben der beiden Gatten hinab und erhellt plötzlich die Hintergründe, aus denen sie lebten. Eine Ehe kann nur gelingen, wenn ein Engel zwischen den Vereinigten unsichtbare Botendienste tut; dies hilft hundertmal mehr als alle modernen Eheberatungsstellen zusammen. Ein zwischen Mann und Frau hin- und hergehender Engel, wahrhaft, etwas Schöneres kann man über zwei Ehegatten schlechterdings nicht mehr berichten.

Kein anständiger, um das Leid der Welt wissender Mensch kann auf dieser Erde ganz glücklich sein; deswegen huschte auch zuweilen über Elisabeths Ehe ein kleiner Schatten. Ein zwiespältiges Gefühl meldete sich in ihrem Innern, der Gedanke beunruhigte sie, ob sie sich nicht in zu starker Liebe ihrem Gatten hingebe, während doch ihr Herz Gott allein gehören sollte. Sagte sie doch einmal zu ihren Mägden, sie bedürfe der nächtlichen Gebete, um der „übergroßen Liebe zu meinem Gemahl zu widerstehen". Einst fiel während der Messe ihr Blick auf den festlich geschmückten Gatten; Elisabeth freute sich so lebhaft an der edlen Schönheit seines Anblickes, daß sie das heilige Opfer vergaß. Vom Glockenzeichen aus ihrer süßen Träumerei aufgeschreckt, schaute sie wieder auf den Altar und sah die Hostie bluten. Sie empfand in ihrem Verhalten ein schweres Unrecht, konnte es nicht fassen, daß die irdische Schönheit des Mannes ihr Gott verstellt hatte, und weinte darüber so trostlos, daß Ludwig sie lange nicht zu beruhigen vermochte, obschon er zu ihr sagte: „Laßt uns nun fröhlich sein in Gott. Ich werde dir schon helfen, Buße zu tun und voranzukommen." Elisabeth war nicht imstande, die innere Zwiespältigkeit abzuwehren; sie fühlte sich zwischen Himmelssehnsucht und Gattenliebe geteilt, und eine leise Selbstquälerei verdunkelte zuweilen die glückhafte Stimmung. Gab es doch sogar Stunden der Reue, sich überhaupt vermählt zu haben und nicht als Jungfrau sterben zu können, da Elisabeth nicht allezeit in der ehelichen Liebe ein Abbild der göttlichen Urliebe zu sehen und in der ersteren den Weg zur zweiten wahrzunehmen vermochte – ein verborgenes Seelendrama in Elisabeth, das weder überbetont noch verschwiegen werden darf.

Düsterer Schatten fiel auf Elisabeths Ehe, als Ludwig von Bischof Konrad von Hildesheim das Kreuz entgegennahm, um mit dem Staufenkaiser Friedrich II. ins Heilige Land zu ziehen. Obwohl Elisabeth die Kreuzzugsstimmung jener Zeit durchaus teilte, verbarg Ludwig zunächst das Gelöbnis vor ihr. Er wollte sie nicht vorzeitig betrüben. Aber die Heimlichkeit Ludwigs kam unerwartet an den Tag. Es geschah „eines Abends, daß sie seinen Gürtel ergriff, ehe er dessen gewahr wurde. Da fand sie das Kreuz und erschrak so, daß sie zur Erde sank." Beim Herannahen der Stunde des Abschieds konnte sich Elisabeth von Ludwig nicht lösen, und sie begleitete ihn zwei Tagereisen weit. Immer wieder schob sie die endgültige Trennung hinaus, und zuletzt mußte das Unvermeidliche doch sein. Elisabeth war ganz starr vor Schmerz und beinahe untröstlich, voller Tränen und Jammer, „schrie sie aus voller Kehle: ‚Weh mir armem Weibe!'" Alle Anwesenden waren über die Maßen traurig, und der Berichterstatter bezweifelte, daß jemand beschreiben könnte, wie da „Lieb und Leid verschlungen waren". Wiederum kam die seltsame Nähe von Liebe und Tod zum Vorschein, sie hängen miteinander zusammen und lassen sich nicht trennen. In ihre Gemächer zurückgekehrt, legte Elisabeth die fürstlichen Gewänder ab und trug fortan schwarze Witwenkleider. An keiner Freude wollte sie mehr teilnehmen, mit dem Weggang des geliebten Gatten war auch alle Lebensbejahung in ihr erloschen.

Zuletzt verdichtete sich der Schatten zur finsteren Wolke, und Elisabeth mußte das Schwerste erleben, was einer Frau in einer guten Ehe beschieden sein kann: den Tod ihres Gatten. Ludwig erlag schon im September in Otranto einer Seuche, bevor er das Heilige Land nur erreicht hatte. Etliche Zeit wurde Elisabeth die Hiobsboschaft vorenthalten, bis endlich die Schwiegermutter ihr die Unglücksnachricht mitteilte. Elisabeth mißverstand sie im ersten Moment, indem sie glaubte, Ludwig sei in Gefangenschaft geraten und könne daraus wohl wieder befreit werden. Doch die alte Landgräfin Sophie sagte ihr unmißverständlich: „Er ist tot." Elisabeth erwartete damals ihr drittes Kind, und bei der Mitteilung schloß sie die Hände ineinander, legte sie klagend und mit geneigtem Haupt auf ihre Knie und sprach in abgrundtiefer Betrübnis: „‚Tot. Tot soll mir nur aller Welt Freude und Ehre sein.' Darnach stand sie auf in großem Schmerz und lief im Saal hin und her, weinend und schreiend, recht wie ein Mensch, der von Sinnen ist." Der elementare Ausbruch der Trauer zeigt ihre ungeheure Erschütterung; hemmungslos schluchzte Elisabeth auf, und ihr heftiges Naturell überließ sie unbedacht ihrem weiblichen Schmerz. Die von einer wahren Verzweiflung erfaßte Frau gehört zum Bild der Heiligen, wenngleich ihr Seelsorger über ihr sinnloses Herumlaufen unwillig wurde und sie, statt teilnehmend zu trösten, ungehalten schalt: „Ist das Euer Frommsein, Frau Elisabeth? Kennt Ihr nicht mehr Ergebung in des Schöpfers Willen?" Der vorwurfsvolle Ton verrät eine klerikale Verständnislosigkeit für das Emotionelle des Weibes. Eine unbewegte Gefaßtheit käme einer seelischen Gleichgültigkeit gegenüber dem geliebten Gatten gleich. Die namenlose Qual wiederholte sich, als die Überreste Ludwigs nach Bamberg gebracht wurden. Es war eine unsagbar schwere Stunde für Elisabeth, sie zitterte am „ganzen Leib, da sie ihres liebsten Buhlen Gebeine ohne Gefüge auseinander getrennt sah". Bei dieser Gelegenheit kamen die Worte über ihre Lippen: „Wenn ich ihn lebend wieder haben könnte um den Preis der ganzen Welt, ich nähme ihn und würde dann stetsfort mit ihm betteln gehen."

Mit neunzehn Jahren war Elisabeth schon eine trauernde Witwe, vergleichbar mit den Worten aus dem Büchlein Ruth: „Heißt mich nicht Noemi (das ist die Liebliche), heißt mich Mara (das ist die Bittere); denn der Allmächtige hat Bitteres über mich verhängt." Das herbe Schicksal, was es heißt, den Lebensgefährten für immer verloren zu haben, des männlichen Schutzes zu entbehren und fortan als Witwe allein und verlassen in der Welt dazustehen, Elisabeth hat es an sich mit all seiner Traurigkeit erfahren.

Vom liebenden Mädchen über die mit Kindern gesegnete Ehe bis zur allzu frühen Witwenschaft waren Elisabeth alle Stadien des Weiblichen vertraut. Sie hat das Frauenleben mit seinem ganzen Reichtum erlebt, nichts ausgelassen und übersprungen, sondern alles einbezogen und durchgemacht. Überraschenderweise vollzogen sich die mannigfachen Geschehnisse in einem Zeitraum von wenigen Jahren. Die Kürze des Lebenslaufes hat Mechthild zu den Worten veranlaßt: „Es ist der Boten Recht, schnell zu sein." Nun, Elisabeth war schnell, so schnell wie man nicht schneller sein kann; es kostet eine Anstrengung, ihrer Schnelligkeit zu folgen, so zusammengedrängt sind ihre Erlebnisse. Sie hat alles rasch durchlaufen, ließ sich durch nichts aufhalten, eilte unablässig ihrer Bestimmung entgegen und verbrannte in raschem Zug wie eine hochauflodernde Flamme. Wenn andere Menschen erst sich zu entfalten beginnen, war Elisabeth bereits am Ziel. Wahrscheinlich haben schnelle Boten das dunkle Bewußtsein, früh sterben zu müssen, und dieses unausgesprochene Gefühl gibt ihnen einen ganz andern Rhythmus. Sie leben viel intensiver, weniger träumerisch, nehmen Menschen und Dinge mit intuitiver Wachheit in sich auf. Elisabeth gehört zu den Frühvollendeten, die der Hagiographie nicht unbekannt sind. Jeanne d'Arc und der kleinen Therese von Lisieux gleich hatte auch Elisabeth schon früh ihr Lied ausgesungen, zu einem Zeitpunkt, da andere Menschen kaum damit begonnen haben. Es kommt jedoch nicht auf die Länge der Lebensdauer an; ein Mensch kann siebzig und achtzig Jahre alt werden und dabei seine Zeit wie ein Geschwätz zubringen. Entscheidend ist vielmehr, ob ein Leben durch allerlei Ablenkungen in eine öde Mittelmäßigkeit versinkt oder ob es sich zielbewußt auf den Siegespreis ausrichtet. Wichtig ist allein, ob ein Mensch die ihm aufgetragene Sendung erfüllt – alles andere ist Nebensache.

IV

Was bis dahin Elisabeth erlebt hatte, ist auch schon vielen anderen Frauen widerfahren: das Erlebnis der glückseligen Liebe, die Erfüllung durch die Kinder und die schmerzliche Trennung durch den Tod. Was aber das Erleben der meisten Frauen weit überstieg, ist die gewaltige Macht des Religiösen in Elisabeths Dasein. Niemals war das Göttliche ein Ersatz für den verstorbenen Gatten; die Behauptung, der Tod Ludwigs habe das Leben Elisabeths in zwei Teile gespalten, besteht nicht zu Recht. Sie hat durch ihre Witwenschaft nicht etwa eine scharfe Wendung vollzogen. Ihr Leben war vielmehr eine kontinuierliche Entwicklung ungewöhnlicher Art. Sie war in jungen Jahren schon im Religiösen zu Hause, es bildete allezeit ihre seelische Heimat, und sie ist im Laufe der Zeit nur immer tiefer ins Göttliche hineingewachsen. Elisabeth war wirklich ein frommes Kind, das ein Spiel abbrechen konnte, wenn es im Begriffe war zu gewinnen; während ihrer glücklichsten Ehejahre gab sie zahlreiche Beweise ihrer überdurchschnittlichen Liebe zu Christus. Gott war in ihrem Leben immer anwesend, ihr Dasein stand stets in einer Beziehung zu ihm, und keineswegs kam er erst später als Tröstung für die entschwundene Lebensfreude hinzu. Der Ruf von oben war früh an Elisabeth ergangen, der Gehorsam ihm gegenüber war allezeit das Problem ihres Lebens, durch den Tod Ludwigs erfuhr ihre Sendung lediglich eine ungeahnte Steigerung.

Während Elisabeths Mädchenjahren wurde einst bei einem festlichen Anlaß zum Tanz aufgespielt. Sie stand nicht als ein Mauerblümchen verschämt in einer Ecke und war keine Spielverderberin, die jede weltliche Freude verachtete. Sie wußte, was die höfische Sitte verlangte, und zudem wird ausdrücklich berichtet, daß Elisabeth „sehr gern tanzte", was mit der Natürlichkeit ihres Wesens durchaus in Übereinstimmung steht. Es machte ihr Freude, in zierlichem Reigen sich zu drehen, die anmutigen Bewegungen auszuführen, denn sie liebte das beschwingte Gefühl, das mit dem Tanz verbunden ist. Sie sah darin keine sündhafte Neigung, die sich für eine Christin nicht schickt. Nur bei der zweiten Tour lehnte sie die Einladung dankend ab: „Einmal soll mir genügen.“ Es ist das erste Wort, das aus dem jugendlichen Mund Elisabeths überliefert ist, und man wird ihm eine erstaunliche Reife zubilligen. Die kluge Äußerung ist eine Absage an jene Vergnügungssucht, die junge Mädchen oft so unangenehm lebensgierig macht, so daß sie nie genug bekommen können und dann auch einer vorzeitigen Übersättigung anheimfallen. Elisabeths Wort dagegen zeugt von Mäßigung, von Selbstbeherrschung, von früh erreichter Weisheit. „Einmal soll mir genügen“; das Wort weist in die Richtung des Vollkommenheitsstrebens, im Klang der Aussage schwingt die Selbstbescheidung einer nicht alltäglichen Seele mit, nicht anders als in ihrer überlegenen Äußerung: „Wenn es am schönsten ist, will ich um Gottes willen verzichten!“ So sprechen nur zum Außerordentlichen berufene Menschen, die im irdischen Leben nicht das Letzte gefunden haben, weil sie sich von Gott für etwas Besseres aufbewahrt fühlen.

Auch in der Kleiderpracht und im Tragen von Schmuck beobachtete Elisabeth eine bemerkenswerte Zurückhaltung. Sie tat hierin, was sie ihrem Gatten schuldig war: Sie legte die schönen Gewänder an, damit sie ihm allezeit gefalle, was einer Frau auch zukommt. Doch erniedrigte sich Elisabeth nie zu einer Modepuppe, und was es heißt, „mit der Ausdauer eines eitlen Weibes“ vor einem Spiegel zu stehen, blieb ihr unbekannt. Einmal sah Elisabeth „beim Eintritt in die Kirche das Bild des Gekreuzigten, der nackt und mit Dornen gekrönt und mit Nägeln an das Kreuz geheftet war. Da wurde sie von Reue ergriffen und sprach bei sich selbst: Siehe, da hängt mein Gott nackt, und du, ein unnützer Mensch, prangst in kostbaren Kleidern.“ Aus diesen Worten ist der zarte Zwiespalt unüberhörbar, freilich empfinden ihn nur jene Menschen, die im Irdischen nicht restlos aufgehen.

Während ihrer Ehejahre wurde Elisabeth mit dem Franziskanertum in Deutschland bekannt, das ursprünglich ein erschrekkendes Erblicken des Unschaubaren war. Die ersten Jünger des Franziskus kamen damals über die Alpen und verkündigen auf deutschem Boden die Botschaft des Poverello. Es war im Jahre 1221, als die Boten des Franziskus erstmals in Deutschland erschienen, um auch dort das arme Leben Christi in neuer Gestalt zu verkörpern. Die Chronik des Jordano von Giano enthält im Hinblick auf Elisabeth nur die eine, kurze Bemerkung: „Da nahm Bruder Cäsar einen Laien namens Rüdiger auf, der später zum Guardian von Halberstadt gemacht wurde und die sel. Elisabeth als Lehrer in der geistlichen Disciplin unterwies.“[4] Da Rüdiger vorerst Laie war, konnte er nicht der Beichtvater Elisabeths sein, aber er vermittelte ihr die von hinreißender Christlichkeit erfüllte franziskanische Lebensweise der ersten Zeit. Wie genau die Kenntnis Elisabeths von der das Himmelreich stürmenden Nachfolge Christi ihres südlichen Vorbildes war, weiß man nicht. Elisabeth hat Franz von Assisi nie gesehen und auch nie eine Zeile über ihn gelesen. Weder Celanos Biographie noch die viele Jahrzehnte später geschriebenen „Blümlein des Franziskus“ standen ihr zur Verfügung, die den heutigen Menschen ästhetisch entzücken und dafür religiös unbewegt lassen! Nicht durch Bücher wurde ihr Kunde zuteil; das ist gewöhnlich ein unzureichendes Medium, weil es bei der bloßen Kenntnisnahme verbleibt und nicht zum verändernden Ansporn wird. Das seelische Verstehen ist der wahre Weg der Aneignung; durch den unmittelbaren Kontakt von Mensch zu Mensch springt der Funke über. Es war unnötig, Elisabeth allzu ausführliche Einzelheiten aus Franzens Leben zu erzählen. Rüdiger brauchte gar nicht viele Worte zu machen, da sie eine ähnlich geartete Seele wie der Poverello besaß und mit weiblicher Intuition die zum Himmel lodernde Flamme Franzens spürte. Alles, was ihr der Laienbruder berichtet, begriff Elisabeth beinahe, bevor er es ausgesprochen hatte; sie nahm es ihm gleichsam von den Lippen weg. Die mystische Armutsvermählung, die alle Gewalt überwindende Demut und die von brennender Christusliebe zeugenden Stigmata entsprachen dem, was sie sich in ihrem tiefsten Innern ersehnt hatte. Kein Wort berührte sie fremd und unverständlich, der franziskanische Lebensinhalt gestaltete den Traum ihrer Seele, genauso wie den der adeligen Clara. Nach einer Überlieferung hat Franziskus in seiner Freude über die Armutsliebe der hohen Fürstin seinen Mantel Elisabeth gesandt; sie trug ihn vor allem

[4] Nach Deutschland und England ed. L. Hardick, 1957, S. 64.

dann, wenn sie den armen Christus im Gebet um eine Gabe aus dem Reichtum seiner Gnade anrief. Die Legende von Franziskus' Mantelgeschenk verdeutlicht mit feinerem Spürsinn, als es die Geschichte vermochte, die innere Beziehung zwischen Franziskus und Elisabeth: Auch im Verhältnis Franziskus – Elisabeth wurde der Mantel – wie einst von Elias auf Elisa – auf die Schultern des Schülers geworfen. Franziskus' Seele hat Elisabeths Seele gegrüßt; über alle Räume hinweg hat er sie gleichsam bei der Hand genommen und sie zu seiner fernen Weggefährtin erwählt.

Rüdigers Erzählungen blieben nicht im Bereich einer interessanten, jedoch unverbindlichen Unterhaltung zwischen Elisabeth und dem Laienbruder. Sie verloren sich auch nicht in uferlosen Diskussionen, bei denen doch nichts herausschaut. Das beliebte Gedankenspiel mit großen Ideen lag Elisabeth fern, denn sie drängte nach einer Verwirklichung. Ihre Seele sehnte sich stürmisch danach, das Vernommene zu realisieren, ihre ganze Natur begehrte die Entscheidungsprobe zu bestehen. Elisabeth hatte die Botschaft in sich aufgenommen, es drängte sie, das Christliche in die Tat umzusetzen, und damit begann die über sie hinausgehende Leistung ihres Lebens. Einmal zog sie auf ihrer Burg ein Bettlergewand an und sagte lachend zu ihren Mägden: „So werde ich aussehen, wenn ich einst vor den Türen betteln werde." Dies war im Scherz gesagt, aber bei Elisabeth im Ernst gemeint, denn sie verhielt sich gegenüber dem christlichen Vorbild real und nicht schwärmerisch. Später hat die einst vornehm gekleidete Elisabeth „das graue Gewand" angezogen, um damit äußerlich vor aller Welt zu bekunden, was sie innerlich schon lange war: die getreueste Jüngerin des Poverello. Seither gilt Elisabeth als Terziarin, wenn sich auch „ihre formelle Zugehörigkeit zum Dritten Orden des hl. Franziskus von Assisi urkundlich nicht belegen und direkt erhärten läßt"[5].

---

[5] M. Bihl, Die hl. Elisabeth als Terziarin, in: Franziskanische Studien (1931), 293. An dieser Stelle danke ich auch für die Einsicht in die wertvolle, noch ungedruckte Arbeit von Pater Alban Stöckli über „Elisabeth von Thüringen", die nachweist, daß die Heilige zuerst Terziarin war und nachher dem Orden der Reuerinnen angehörte.

Nach einiger Zeit wurde Rüdiger auf einen anderen Posten berufen; doch blieb Elisabeth dem Geist des Franziskanertums eng verbunden. Noch zu Lebzeiten Ludwigs kam Meister Konrad von Marburg an den Hof, der im Leben Elisabeths einen bedeutenden Platz einnahm und über dessen Persönlichkeit das richtige Wort zu finden nicht leicht ist. Unmöglich ist es, Konrad einen „heiligmäßigen Mann" zu nennen, wie es die Hagiographie des vergangenen Jahrhunderts getan hat[6]. Es untergräbt die Glaubwürdigkeit einer Heiligenvita, wenn jeder darin vorkommende Geistliche im voraus als fromm gepriesen und gerechtfertigt wird. Konrad war der Gegenspieler Elisabeths, und seine hintergründige Persönlichkeit darf weder nach schematischer Schwarzweißmalerei karikiert noch der Tiefenpsychologie ausgeliefert werden, weil beide Methoden den Kern verfehlen. Ida Görres schreibt vom „schrecklichen Konrad von Marburg, diesem verkörperten Geist der Schwere, der Härte und Furcht", der die „Gehorsamsfolter" anwandte und den zweiten Teil von Elisabeths Leben „hart und unverständlich" macht, „er befremdet und tut weh"[7]. Nach Reinhold Schneider trug er die dunkle Macht in sich, ohne ihrer bewußt zu werden, und tyrannisierte seine Umgebung: „Aber was Konrad angeht, so ist doch wohl kein Zweifel, daß er mit sich selbst sowenig zurechtkam wie mit seinem Dämon; daß er ein innerlich mißgeformter Mensch gewesen ist."[8] Die aus christlichem Verantwortungsgefühl heraus gesprochenen Urteile deuten das belastete Wesen Konrads an. Vielschichtig ist die Seele des Menschen und schwer verständlich das Durcheinander, das oft gleichzeitig in ihr Platz hat. Den Eindruck einer widersprechenden Anlage hatte schon der benediktinische Kaplan Berthold, der Konrad persönlich kannte und der sich kopfschüttelnd fragte: „Wer kann nur wissen, gemäß dem Spruch des Salomon, ob er der Liebe oder des Hasses Gottes würdig sei?" Bertholds Frage ist schlechterdings nicht zu beantwor-

---

[6] A. Stolz, Die gekreuzigte Barmherzigkeit, 1876, S. 65.
[7] I. F. Görres, Aus der Welt der Heiligen, 1955, S. 363.
[8] R. Schneider, Gelebtes Wort, 1961, S. 200.

ten; bei der Rätselhaftigkeit von Konrads Seele muß sie offenbleiben.

Über die Herkunft Konrads fehlen genaue Angaben. Gewiß war er ein begabter Mensch, was schon die Führung des Magistertitels nach den Universitätsstudien beweist. Wahrscheinlich war Konrad Weltgeistlicher, vielleicht besteht die Vermutung zu Recht, nach der er mit dem Prämonstratenserorden in Beziehung stand[9]. Der von scharf geprägten Gesichtszügen gezeichnete Mann war von reinen Sitten, voll asketischen Eifers und setzte sich allezeit für seine Aufgabe restlos ein. Er verfügte über eine hinreißende Beredsamkeit und entflammte, auf einem kleinen Maultier von Ort zu Ort reisend, das Volk zum Kreuzzug. Viele Leute zogen ihm tagelang nach, nur um seinen Ansprachen zuzuhören. Seine Kreuzzugspredigten aber fallen unter das Wort des Paulus über die Juden: „Denn ich bezeuge ihnen, daß sie Eifer für Gott haben, aber nicht mit richtiger Erkenntnis." Noch viel fragwürdiger wirkte sich der blinde Tätigkeitsdrang in seinem Inquisitionsamt gegen die sich ausbreitende Ketzerei aus; er machte von seinen außerordentlich weitgehenden Vollmachten eifrig Gebrauch. Kein Mensch kann die Funktion eines Inquisitors ausüben, ohne Schaden an seiner Seele zu nehmen, weil die angewandten Mittel mit dem Evangelium in allzu krassem Widerspruch stehen. Der verzehrende Fanatismus, mit dem Konrad die Häresien ohne ordnungsgemäße Gerichtsuntersuchung ausrottete, führte ihn angeblich zu dem Grundsatz: „Wir wollen hundert Unschuldige verbrennen, wenn nur ein Schuldiger darunter ist", während doch die religiöse Maxime nach Analogie von Gottes Antwort auf Abrahams Fürbitte für Sodom lauten sollte: „Wir wollen hundert Schuldige schonen, wenn nur ein Unschuldiger darunter wäre", ganz abgesehen von der biblischen Aufforderung: „Befreie, die zum Tode geschleppt werden, und die zur Schlachtbank wanken, rette sie doch." Der Deutung seiner Persönlichkeit am nächsten kommt wohl die Vermutung Maria Mareschs, die eine geistige Verdüsterung des Mannes an-

---

[9] W. Maurer, Zum Verständnis der hl. Elisabeth von Thüringen, in: Zeitschrift für Kirchengeschichte (1953/54) 34.

nimmt, zuletzt gar eine Art von Geisteskrankheit[10]. Eine tragische Entwicklung ließ ihn zum Vertreter eines schwarzen Christentums werden, das zum weißen, vom Glanz des Evangeliums erhellten Christentum in schärfstem Kontrast steht. Schließlich wurde Konrad von einigen Rittern überfallen, obwohl Konrad um sein Leben bettelte und sein Begleiter, der Franziskanerbruder Gerardus, sich schützend über ihn warf, wurden beide rücksichtslos erschlagen. Die Ermordung am Straßenrand war ein Gericht, blieb ungesühnt und setzte der Inquisition in Deutschland ein Ende.

Die Beziehung zwischen Elisabeth und Konrad erschöpft sich nicht in einem einzigen Satz. Die Auffassung ist irrig, nach der Konrad den Zwiespalt in Elisabeths Herz hineingeworfen habe, während vorher alles in schönster Harmonie gewesen sei. Noch weniger trifft die historische Erklärung den Kern: „Elisabeth kann nur aus dem Verhältnis heraus verstanden werden, in dem sie zu Konrad von Marburg steht", während sie doch in erster Linie aus ihrer von Gott aufgetragenen Sendung heraus zu begreifen ist[11]. Kompliziert ist die Beziehung zwischen Elisabeth und Konrad, widerstrebend jeder allzu einfachen Schematisierung. Elisabeth hat Konrad freiwillig als Beichtvater gewählt, und zwar aus keinem anderen Grund, als weil er arm war und es ihr schien, er setze am ehesten die Leitung des Bruders Rüdiger fort. Konrad gehörte zu den unnachgiebigen, harten Beichtvätern, deren es in der Geschichte des Christentums etliche gegeben hat und die gerade durch ihre unerbittliche Strenge große Heilige zu erziehen vermochten. Obwohl er die Leitung der achtzehnjährigen Elisabeth tatkräftig in die Hand genommen hat, wünschte man, sie wäre einem Seelenführer vom Range eines Franz von Sales begegnet, der für die Seele einer Frau mehr Verständnis gehabt hat. Konrad nahm sein Amt nicht leicht, und er erteilte Elisabeth auch sinnvolle Ratschläge, das kann gar nicht bestritten werden. Doch verlangte er von ihr eine bedingungslose Unterordnung unter seinen Willen, und wenn die kleinste An-

---

[10] M. Maresch, Elisabeth von Thüringen, 1931, S. 149 und 159.
[11] W. Maurer, a.a.O., S. 16/17.

weisung nicht beachtet wurde, mußte sich Elisabeth ihm zu Füßen werfen und ihn demütig um Verzeihung bitten. Sie gab auch offen zu, sie fürchte sich vor Magister Konrad, eine Einstellung, die der richtigen Basis für eine Seelenführung nicht entspricht, da doch Vertrauen die Grundlage sein sollte. Bei einer gegen seine Anordnung gerichteten Handlung Elisabeths schreckte Konrad nicht vor körperlicher Züchtigung zurück: Das vornehme Beichtkind und ihre Dienerin mußten sich bis auf das Hemd ausziehen, und beide wurden auf sein Geheiß von Bruder Gerardus mit einer dicken Gerte geschlagen, während Konrad dazu das „Miserere mei Deus" anstimmte. Die Verprügelung der entblößten Elisabeth ist eine christlich pervertierte Szene, und man sträubt sich, sie näher auszumalen. Hier sofort mit der Tiefenpsychologie von einem anomal veranlagten Paar, einem Sadisten und einer Masochistin, zu sprechen, ist eine Fehldeutung. Ebenso unangebracht ist es, mit den Erziehungsmethoden des Mittelalters das brutale Vorgehen Konrads zu rechtfertigen. Magister Konrad wußte selbst, daß er in unstatthafter Weise eine Grenze überschritt, denn er fügte selbst der Berichterstattung die Worte hinzu: „Was mir Gott verzeihen möge." Die Bibel spricht wohl von der Züchtigung des Sohnes, aber nicht von der Frau. Zu allen Zeiten galt es als die Handlung eines Rohlings, wenn er eine Frau schlug. Die Dienerin Irmgard, die über drei Wochen die Striemen an ihrem Körper sah, ertrug die kränkende Behandlung nur schwer.

Die Seelenleitung Konrads zeigt erneut, daß das helle Licht des Göttlichen immer wieder vom Schatten des Machttriebes verdunkelt wird. Bei der geringsten Selbständigkeitsregung Elisabeths drohte Magister Konrad sofort, sein Beichtvateramt niederzulegen, derart despotisch machte er seine Autorität geltend. Die Heilige hat sich Konrads Führung unterworfen, sie hat darunter gelitten, aber sie hat sich nicht dagegen aufgelehnt. Für sie bedeutete das grobe Vorgehen des gewalttätigen Mannes das ihr von Gott zugesandte Leiden, und sie sprach nach der körperlichen Züchtigung zu der weinenden Irmgard: „Gern müssen wir solches erdulden; sind wir doch wie Schilf, das am Flußufer wächst. Schwillt der Fluß, so beugt sich das Schilf und taucht unter, und das Wasser fließt darüber hinweg, ohne es zu verletzen. Hört aber das Hochwasser auf, so richtet sich das Schilf wieder empor und wächst in seiner Kraft fröhlich und erquickt weiter." Elisabeth war gewiß keine intellektuelle Frau, dazu war das Gefühl zu stark ausgeprägt, aber sie war in ihrem jugendlichen Alter ein kluges Wesen; das Bild vom sich beugenden und sich wieder aufrichtenden Schilf, dem zudem eine tiefsinnige Leidensfrömmigkeit innewohnt, beweist es eindeutig. Mit ihrer Einstellung hat sie ein richtunggebendes Beispiel einer sinnvollen Verarbeitung des Leidens gegeben; sie hat es als eine Aufforderung zur Läuterung aufgefaßt, und darum ist sie unter den Geißelhieben Konrads zur Heiligkeit aufgestiegen und nicht seelisch zerbrochen.

Bruder Rüdiger und Meister Konrad halfen Elisabeth beim Einbruch des Religiösen, sie hat sicher von beiden Männern vieles gelernt. Trotzdem war Elisabeth nicht nur ein williges Werkzeug in ihren Händen. Konrad tauchte an verschiedenen Stationen ihres Daseins auf; die Richtung des Lebens aber hat Elisabeth selbst, und nicht er bestimmt. Bei aller Abhängigkeit blieb sie innerlich fest. Sie war ein eigenständiger Mensch, eine Frau, die sehr genau wußte, was sie wollte. Sie, und nicht ihre Ratgeber, war die im Lichte Gottes schimmernde Botin Gottes, die auf diese Erde gesandt war. Wann aber sind endlich, endlich die Frauen bereit, auf ihre Botschaft zu hören?

V

Der Aufstieg zur Heiligkeit gestaltete sich auch bei Elisabeth zu einem christlichen Drama. Es ging nicht alles glatt und auf ebener Straße vor sich, und die Dinge fügten sich keineswegs stets wunderbar zusammen. Eine zweckgebundene Hagiographie liebt es, die Dinge in einer solchen bengalischen Beleuchtung zurechtzurücken, die jedoch bis zur Unerträglichkeit unwahrscheinlich wirkt. Auch Elisabeth stellten sich Schwierigkeiten entgegen, sie mußte sich mühsam durch Hemmnisse hindurchkämpfen, und es lief nicht ohne tragische Verwicklungen ab. Das Abenteuer der Heiligkeit setzt innere Kämpfe voraus, sonst dürfte man nicht von einem christlichen Drama reden, das sich zwar wesentlich vom weltlichen Drama unterscheidet. Es fehlen auch im Heiligenleben Elisabeths die Tränen und Schmerzen nicht, doch sind sie verklärt, indem sie zuletzt eine geheimnisvolle Verwandlung erfuhren. Die um die Gestaltung ihres Lebens hart ringende Elisabeth hat nicht nach einem Ziel gestrebt, das für sie zu hoch gewesen und zu dem ihre Kräfte nicht ausgereicht hätten. Sie verwirklichte ihre innerste Sehnsucht nach dem Unbedingten durch eine schwere Passion, an deren Ende Ostern aufleuchtete.

Der Weg Elisabeths kann nur in groben Umrissen und nicht in allen Einzelheiten verfolgt werden, weil vieles der Nachwelt nicht mehr zugänglich ist. Die Vermutungen und Konstruktionen nehmen in den Biographien über Elisabeth einen breiten Raum ein. Sie erzählte nicht alles, was in ihrem Innern vorgegangen ist. Elisabeth wollte ihren Wandel in der Heiligkeit bewußt vor den neugierigen Blicken der Menschen verbergen. Sie gab sich oft absichtlich anders, als es ihr innerlich zumute war. Weit entfernt von jeder Verstellung dachte sie wohl an Jesu Anweisung: „Wenn du fastest, so salbe dein Angesicht, damit du mit deinem Fasten dich nicht den Leuten zeigest, sondern deinem Vater, der ins Verborgene sieht." Die Verschwiegenheit über das Geheimnis ihrer Seele gehört wohl zum Schönsten an Elisabeths Haltung. Sie steht damit in ausgeprägtem Gegensatz zu der neuzeitlichen Entblösungsmanie, die in den Intimitäten förmlich herumwühlt und ohne Scham das Letzte vor die Augen der Öffentlichkeit zerrt. Elisabeth hatte einen ausgeprägten Sinn für das Geheimnis, für den Schleier, für das Schweigen, das eine der Vorbedingungen zum Aufstieg zur Heiligkeit ist. Nur, was der Mensch ungesehen Gutes tut, wird vom himmlischen Vater, der ins Verborgene sieht, belohnt.

Elisabeth übte zunächst eine praktische Nächstenliebe aus. Sie tat dies schon zu Lebzeiten ihres Gemahls, und erst recht nach seinem Tode. Zu armen und kranken Menschen fühlte sie sich hingezogen, sie hat sich zu allen Elenden und Mühseligen herabgebeugt, mit ihnen schwesterlich gesprochen und ihnen tatkräftig geholfen. In überreichem Maße besaß sie die schenkende Tugend, indem sie den Dürftigen gab, soviel sie geben konnte.

Schenken war ihr ein Bedürfnis, sie schenkte mit einer verschwenderischen Gebärde, und dabei wußte die rechte Hand nicht, was die linke tat. Elisabeth wuchs über sich hinaus, als eine furchtbare Hungersnot in Thüringen wütete und die Menschen nach dem Bericht des Chronisten „wie Schweine" vor Elend auf der Erde lagen. Unglücklicherweise war Ludwig gerade abwesend, für Elisabeth aber war die fehlende Erlaubnis ihres Gatten kein Entschuldigungsgrund. Sie handelte selbständig und nahm den Kampf gegen den würgenden Hunger auf. Zum Entsetzen der Verwalter schreckte sie nicht davor zurück, die Vorräte der Burg zu verschenken, sie öffnete die Getreidespeicher und leerte sie bis zum letzten Korn. Elisabeth ließ Brot bakken und veranstaltete Massenspeisung; oft hat sie an einem Tag über neunhundert Menschen verköstigt. „Sie erschöpfte alle Einkünfte der vier Länder des Fürsten und verkaufte ihre Juwelen und kostbaren Kleider, um die Armen zu unterstützen", meldete Konrad nach Rom. Elisabeth hat in der thüringischen Hungersnot eine christlich-heroische Leistung vollbracht, die ohne Erläuterung jedermann verständlich ist.

Die Heilige ist denn auch als große Wohltäterin in die Geschichte eingegangen. Nun ist die Ausübung der Caritas eine bedeutsame, im Evangelium geforderte Angelegenheit. Das Gebot der Nächstenliebe hat Jesus der Gottesliebe gleichgeordnet und hat es sogar als neues Gebot bezeichnet. Ein Glaube ohne Werke ist tot, heißt es im Jakobusbrief. Die Christen bekennen sich zum Glauben, der in der Liebe tätig ist. Man kann nie genug tätige Nächstenliebe ausüben. Was Elisabeth hierin getan hat, bleibt für alle Zeiten vorbildlich. Der Eindruck vertieft sich noch durch die beschwingte Gebärde, mit der sie es getan hat. Sie war nicht die wohltätige Fürstin, die mit herablassender Miene den Befehl gab, den Armen ein Almosen zu reichen, und sich dann für ihre Freigebigkeit reichlich bewundern ließ. Die amtliche, staatlich organisierte Armenpflege bleibt unter der christlichen Intention. Elisabeth ging selbst zu den Armen und schaute nach dem Rechten. Ausdrücklich berichten die alten Quellen: „Diese armen Menschen besuchte sie jeden Tag, obwohl es doch mühsam war, den Hügel zur Burg hinab und hinauf zu klettern." Elisabeth überschritt die vernünftige Grenze, sie teilte maßlos aus, sie verschenkte alles, sie verschwendete so viel, daß sie zuletzt nichts mehr hatte – sie gab sich selbst! Darum gehört Elisabeth nicht unter die Reihe der Wohltätigkeitsdamen. Ihrer gab es viele in der Geschichte, jede Kirchgemeinde ist froh um sie, aber ihre Tätigkeit verbleibt oft im Rahmen der Bürgerlichkeit. Elisabeth dagegen durchbrach die Schranken der wohltemperierten Frömmigkeit, sie war von „einer wilden, einer gefährlichen Passion des Schenkens" erfüllt, und das ist etwas grundsätzlich anderes[12]. Aus der bloß gesellschaftlichen Wohltätigkeit, die gibt, ohne es am eigenen Leibe zu spüren, war bei Elisabeth wirkliche Liebe geworden, eine Liebe, die mit den Armen teilt und mit ihnen eins wird.

In der Beobachtung der Speisegebote nahm Elisabeths Verwirklichung der Nächstenliebe eine ungewöhnliche Form an. Magister Konrad hat sie ihr auferlegt, aber sicher nicht ohne von ihr auf die Angelegenheit gestoßen worden zu sein. Die Speisegebote brachten eine dramatische Spannung in ihr Leben hinein, gaben aber auch zu vielen Mißdeutungen Anlaß, standen doch die meisten Biographen dem Problem hilflos gegenüber und munkelten in ihrer Ratlosigkeit verlegen einige Hypothesen, während die Speiseangelegenheit mit dem Geist der Heiligen innig verwoben ist. Nach Elisabeths Scharfblick sind viele Dinge, mit denen auf der Burg gedankenlos gepraßt wurde, den Armen unrechtmäßig entzogen worden. „Sie bedachte, daß die Armen entgelten mußten, was die Fürsten und Herren in Wollust verzehren." Elisabeth klagte ihre Gewissensnot ihrem Beichtvater, und er ist ihrem Bedenken mit einem nicht alltäglichen Rat entgegengekommen. Da sie „nicht von den Erträgnissen und den Steuern, die man von den Bauern erpreßt hatte, leben wollte", befahl ihr Magister Konrad ausdrücklich, „nur von solchen Gütern zu genießen, die auf rechtliche Weise erworben waren". Er hat ihr keinen detaillierten Zettel mit erlaubten und verbotenen Speisen ausgehändigt, hat aber die Direktive im großen umrissen und den einzelnen Fall der Entscheidung ihres Gewissens über-

[12] I. F. Görres, a.a.O., S. 389.

lassen. Es ist unrichtig, gegenüber Konrad den Vorwurf zu erheben, er habe sein Beichtkind am eigenen Tisch hungern lassen. Tatsächlich „geschah es häufig, daß sie großes Unbehagen aushielt. Sie aß manchmal nur kleine Törtchen, die mit Honig gefüllt waren, und sie wäre mit den Ihrigen gern mit dem trockenen Brot zufrieden gewesen, wenn sie nur welches gehabt hätte, das sie ohne Ungewißheit der Herkunft hätte genießen können." Diese Drangsale aber gehörten zu dem von ihr beschrittenen Weg der radikalen Christlichkeit.

Die Angelegenheit mit den Speisegeboten ist nur aus den tieferen Hintergründen verständlich. Die Beobachtung der Speisegebote ist ein „stummer, aber wirksamer Protest gegen die Lebenshaltung der Fürsten und Mächtigen"[13]. In Elisabeth war das christliche Gewissen erwacht – das in so vielen Christen eingeschlafen ist –, und in ihrer Enthaltung von den unrechtmäßig erworbenen Speisen fing es wieder laut zu reden an. Elisabeth verkörpert den christlichen Protest des Gewissens. Leider ist er in der Christenheit oft verstummt. Mit dem Vorsatz, sich aller von ungerechten Einkünften stammender Speisen zu enthalten, ist Elisabeth auf die Seite des geplagten Volkes getreten. Mit ihr beginnt das „Ringen um die Auswirkung des christlichen Gewissens im Güterverbrauch", „eine Maßnahme von sozialreformatorischer Bedeutung" wird wirksam: „die Anteilnahme der Kirche an den Leiden und Betrübungen des armen Volkes, ein Protest gegen Fürstenwillkür"[14]. Elisabeths Beobachtung der Speisegebote bedeuten einen unscheinbaren, aber gewichtigen Einschnitt in der mittelalterlichen Christlichkeit, der ganz anders hervorgehoben werden muß, als es gewöhnlich geschieht. Die Heilige hat die sozialen Nöte ihrer Zeit überaus scharf empfunden. Das Wort gab es im 13. Jahrhundert noch nicht, die Sache aber ganz sicher. Elisabeth hat nicht daran gedacht, die Ursachen der Ungerechtigkeit abzustellen. Noch weniger ist sie mit der Theorie des unglückseligen Klassenkampfes im Zusammenhang zu bringen. Elisabeth eine Vorläuferin des Sozialismus zu nennen, käme einer Verzeichnung ihrer Bestrebungen gleich. Sie ist

[13] M. Maresch, a.a.O., S. 29.
[14] M. Maresch, a.a.O., S. 29 und 59.

den individuellen Weg der Enthaltung von der Mitschuld am Elend der Massen gegangen. Die Heilige war eine Vertreterin der gewaltlosen, christlichen Revolution, die seit dem Auftreten Christi die Welt innerlich zum Beben gebracht hat und die das Übel viel tiefer angreift als die gewaltsamen, gottlosen Revolutionen, die nur neue Ungerechtigkeiten schaffen. Mit der Umreißung von Elisabeths stiller Revolution verblaßt die harmlose Vorstellung von der wohltätigen Fürstin, und das wahre Bild tritt hervor.

Elisabeth ist den persönlichen Weg konsequent und radikal gegangen, alles Gewohnte hat sie weit hinter sich gelassen. Sie durchbrach die hohen Mauern, die der Feudalismus zwischen den oberen und unteren Ständen aufgerichtet hat. Sie waren in jener Zeit der Diskussion entrückt, und wer sie antastete, machte sich beinahe eines Sakrilegiums schuldig. Sie waren tabu, und niemand nahm an ihnen Anstoß, geschweige denn, daß jemand daran gerüttelt hätte. Elisabeth allein setzte sich mit einer Kühnheit ohnegleichen über die Vorurteile der feudalen Standesunterschiede hinweg und zerriß sie mit einer christlichen Gebärde, als wären sie ein Spinngewebe. Die Mägde durften sie nicht, wie es höfischer Sitte entsprach, mit „Herrin" ansprechen, denn sie fühlte sich nicht über ihnen und stellte sich ihnen grundsätzlich gleich. Auf ihren ausdrücklichen Wunsch mußten sie „Elisabeth" und „du" zu ihr sagen. Für die fürstliche Umgebung ging dies entschieden zu weit, für Elisabeth aber war dies noch nicht genug. Sie saß nicht mehr an einem separaten Herrschaftstisch, sie aß mit den Dienerinnen zusammen aus der gleichen Schüssel. Die Verbrüderung mit der Dienerschaft mutet wie eine Vorwegnahme von Tolstois Bestrebungen an, der ebenfalls den Dienern zur Begrüßung die Hände schüttelte und sich mit ihnen unterhielt, als wären sie seinesgleichen. Ganz bewußt trat Elisabeth den gesellschaftlichen Dünkel mit Füßen, warf ihn hinter sich und wollte frei von ihm sein. Sie überschritt auch hierin alle Gepflogenheiten, zerbrach die starre Konvention und sagte sogar zu einer Dienerin: „Siehe, du mußt auf meinem Schoß sitzen." Eine stärkere Umkehrung der höfischen Gesellschaftsordnung ist nicht denkbar. Elisabeth hat sie auf den Kopf gestellt und in das Gegenteil gewandt. Die Szene, da die thüringische Landgräfin ihre Magd auf den Knien schaukelt, hat wahrhaftig mehr in sich als die Schönheit eines Gemäldes; sie vermittelt eine unmißverständliche Anschauung vom ungestümen Willen zur Gleichheit aller Menschen vor Gott. Das war nicht die Schrulle einer Fürstin, die in ihrer Verwöhntheit auf die absonderlichsten Ideen verfällt, nein, es war ein selbständiges Abbild von Jesu Urbild der Fußwaschung. Elisabeths Aufforderung an die Mägde, sich ihr auf den Schoß zu setzen, kann nicht zur allgemeinen Lösung der Dienstbotenfrage erhoben werden, die die christliche Welt so lange vernachlässigt hat, bis ihr zur Strafe die Dienstboten auf der Nase herumtanzen. Elisabeth hat schon im 13. Jahrhundert die Richtung angegeben, in der die Frage von Herr und Knecht allein beantwortet werden kann: Die Welt ist auf dienstbare Geister angewiesen, aber sie soll sie so menschlich behandeln, daß sie sich besser gehalten fühlen, als wenn sie anderswo wären.

Eine dermaßen radikal aufgefaßte Huldigung begriff die adelige Umgebung nicht. Sie mußte darauf mit einer Kriegserklärung antworten, denn sie nahm Anstoß daran und fühlte sich herausgefordert. Elisabeth gab Ärgernis, und die fürstliche Verwandtschaft war über das andersartige Gebaren aufs höchste aufgebracht. Besonders Agnes, Ludwigs Schwester, lehnte Elisabeth als landfremden Eindringling ab. Sie sagte es ihr mit verletzender Taktlosigkeit ins Gesicht, und auch die übrigen Verwandten machten sich über sie lustig. Noch während ihrer Mädchenzeit saß sie einst neben ihrer Pflegemutter und ihren Schwägerinnen in der Kirche, nahm ihre Krone ab und warf sich zur Erde nieder. Das Volk sah erstaunt zu, während die Landgräfin sie erzürnt tadelte: „Jungfrau Elisabeth, was meint Ihr damit, wollte Ihr neue Sitten bei uns einführen, damit die Leute uns auslachen?“ Doch Elisabeth erwiderte demütig: „Liebe Frau, versagt mir das nicht. Vor meinem Angesicht steht hier so barmherzig das Bild Christi, wie der süße, milde Christus mit scharfen Dornen gekrönt ist. Da wird er durch meine Krone verhöhnt.“ Der Zusammenstoß zeigt die grundsätzliche Verschiedenheit zwischen Elisabeth und ihrer Verwandtschaft, die mit

Ausnahme Ludwigs nur eine Verwandtschaft dem Fleische und nicht dem Geiste nach war. Die Familie fand Elisabeths Tun schändlich und skandalös, es ging nicht an, dies stillschweigend hinzunehmen, man mußte Einhalt gebieten, und als Folge davon gab es sich häufende Konflikte. „Wegen all dieser Wohltaten litt sie viel Verleumdung und Mißachtung von den hessischen Adeligen, und keiner von ihnen wechselte je ein Wort mit ihr oder kümmerte sich um sie. Sie hielten sie für töricht und geistesgestört. Oft beleidigten sie Elisabeth und beschimpften sie." Die Überlieferung der Heisterbachschen Vita beleuchtet die wirkliche Situation unerwartet hell. Der zeitgenössische Adel schaute nicht gerührt zu Elisabeth empor und bewunderte sie nicht als „Germaniens Ruhm". Das entspricht nachträglicher Rhetorik. Diese Lorbeerkränze fallen unter das Verdikt: Die lebenden Propheten tötet ihr, den gestorbenen Propheten aber baut ihr Denkmäler. Die Augenzeugen des Adels urteilten nicht anerkennend, denn für sie war Elisabeth eine törichte und geistesgestörte Person.

Die Meinung der adeligen Umgebung ist nicht mit Entrüstung zurückzuweisen, hat es doch Elisabeth nach dem Urteil der modernen Historiker „nur zu unrichtigen Linien, zu verrenkten Gliedern, zu gewundenen, ungesunden Stellungen gebracht"[15]. Andere Geschichtsschreiber, die einen Beitrag „Zum Verständnis Elisabeths von Thüringen" schrieben, sprachen von der „extravaganten Art" Elisabeths, die „lebensfremde, schwärmerische, illusionäre" Wünsche hegte und die ein „sprunghaftes und unentschlossenes Wesen" an sich hatte[16]. Die alten und neuen Urteile verraten den Stachel, den die Erscheinung Elisabeths für das normale Empfinden bedeutete. Vom Standpunkt der Vernunft geurteilt, handelte Elisabeth töricht. Aber der Gesichtspunkt des gesunden Menschenverstandes ist nie der Standort des Christentums gewesen, und auch Elisabeth gehörte zu den christlichen Narren, von denen Paulus im 1. Korintherbrief so Tiefsinniges schreibt. Heiligkeit ist beinahe immer in der Form

---

[15] A. Hausrath, Der Ketzermeister Konrad von Marburg, 1883, S. 169.
[16] W. Maurer, a. a. O., S. 44, 45, 63.

der Torheit gelebt worden, und es wäre uneinsichtig, Elisabeth gegen diese Vorwürfe verteidigen zu wollen. Sie hat dies wahrhaftig nicht nötig. Sie war und bleibt auch in den Augen der klugen, aufgeklärten Menschen eine närrische Frau, denn sie lebte nicht nach der üblichen Norm, hat sich nicht zur Wehr gesetzt und stand den Angriffen von außen ohnmächtig gegenüber. Gerade darum aber ist sie vom Licht der Heiligkeit beleuchtet worden.

Einige Zeit nach dem Tode Ludwigs nahm die gegen sie gerichtete ungünstige Gesinnung auf der Wartburg derart überhand, daß sich Elisabeth wegzugehen entschloß. Das Verlassen der Wartburg wurde in der älteren Literatur gewöhnlich unrichtig dargestellt, indem man von einer Vertreibung sprach. Das wirkliche Geschehen entsprach nicht dieser Formulierung, obwohl die Quellen darüber nicht ganz einhellig sind. Elisabeth räumte die Burg freiwillig; durch den Widerstand ihres Schwagers, Heinrich Raspe, genötigt, war es eher eine Flucht als eine Verstoßung. Die Verwandtschaft verbot ihr nach dem Tode Ludwigs die Beobachtung der Speisegebote, man zwang sie an der gemeinsamen Tafel zu essen, und da sie – so heißt es im Mägdebericht – nicht „aus Raub und Plünderung der Armen, wie sie an Fürstenhöfen vorzukommen pflegen, ihren Unterhalt bestreiten wollte, wählte sie lieber die Verbannung und den Erwerb ihres Lebensunterhaltes durch ihrer Hände Arbeit". Fluchtartig verließ sie die Burg und stieg bewußt von der gesellschaftlichen Höhe herab. Es war der erste Schritt in die wirkliche Armut, die ihr immer vor der Seele geschwebt hatte. Unter dramatischen Umständen vollzog sich Elisabeths heimliche Flucht bei Nacht und Nebel, sie schritt ins Unbekannte und Ungewisse hinein, nicht ahnend, was ihrer wartete.

An einem kalten Winterabend verließ sie mit ihren Dienerinnen die Wartburg und fand nur mühsam ein armseliges Obdach in Eisenach. Elisabeth verbrachte ihre erste Nacht in einem unwirtlichen Raum, leere Fässer standen herum, und Schweine waren darin untergebracht gewesen. Sie sagte den stummen Wänden mit den Worten Lebewohl: „Ich würde den Menschen gern Dank sagen, aber ich weiß nicht wofür." Sie ging in die Michaelskapelle zu den Minoritenbrüdern und bat sie, ein Tedeum anzustimmen, weil sie doch das Gefühl der errungenen Freiheit hatte. „Nun endlich war sie so arm wie ihr Christus“; sie hatte den Rubikon ihres Lebens überschritten, und die Verwirklichung des christlichen Lebens nahm noch radikalere, tragischere Formen an.

Die Bevölkerung allerdings erwies sich gegenüber der einstigen Wohltäterin zurückhaltend, sie wußte nicht, was sie von der sich erniedrigenden Elisabeth denken sollte. Verständnislos waren die Leute und unfreundlich gegen Elisabeth, sie verachteten sie im Grunde, nachdem sie nun nichts mehr von ihr zu erwarten hatten. Der kühnen Verwirklichung der christlichen Lebensführung stand das einfache Volk ebenso ablehnend gegenüber wie die fürstliche Umgebung. Elisabeth war in diesem Moment allein, von allen verlassen. „Eine kranke Witwe, die häufig Almosen von ihr erhalten hatte, und milde Gaben, die ihrem elenden Befinden wohltaten, begegnete Elisabeth, als sie zur Kirche ging, an einer engen Stelle, wo Steine zum Übergang über einen tiefen Morast gelegt waren. Aber die Witwe wollte nicht ausweichen und stieß Elisabeth in den Kot, so stark, daß sie hinfiel und alle ihre Kleider ganz und gar beschmutzt wurden. Das ertrug sie geduldig. Lachend erhob sie sich, und mit Wohlgefallen wusch sie ihre Kleider aus.“ Elisabeth ließ sich nicht im geringsten beirren, sie schritt auf dem eingeschlagenen Weg tapfer weiter, ein Weg, der ihr unsägliches Leid brachte. Das Leiden gehört zur Heiligkeit, es läßt sich von ihr nicht abtrennen, und jedes Menschenleben, das dem Leiden ausweicht, sinkt ohnehin in die Mittelmäßigkeit ab. Elisabeth war eine Leidensnatur; sie nahm das Leiden auf sich, ertrug es lächelnd, und darum ist sie auch so tief in das Geheimnis des Christentums eingedrungen. Die Leidensmystik ist mit dem Verstand gar nicht zu erfassen, sie liegt jenseits aller psychologischen Erklärungen.

Die Heilige vermochte das Leiden zu ertragen, weil sie inmitten aller Unbill von Gott wundersame Stärkungen erfuhr. In jener Nacht am Fuße der Wartburg erlebte Elisabeth wiederum eine Vision. Christus erschien ihr, und sie hörte ihn sagen: „Wenn du bei mir sein willst, so will ich bei dir sein.“ Die Worte enthüllen eine tiefe Christusfrömmigkeit, die in das Innerste von

Elisabeths Heiligtum führt. Sie stand in einem innigen Christusverhältnis, sie war mit dem Herrn verbunden, und aus der mystischen Gemeinschaft mit ihm floß all ihr ungewöhnliches Tun. In der Kirche überkam sie einst eine Entrückung, und auf die Frage Isentruds nach dem Inhalt der Verzückung antwortete Elisabeth: „Was ich dort gesehen habe, möchte ich nicht preisgeben, aber du magst wissen, daß ich sehr glücklich war, und ich habe wunderbare Mysterien Gottes gesehen.“ Elisabeth gehörte zu den christlichen Visionären, und die Gesichte, die sie schaute, deuten den mystischen Hintergrund an, aus dem sie lebte. Sie besaß auch die „Gnade der Tränen, die der Brunnen der Frömmigkeit sind. Ebenfalls war es ihr gegeben, beim Weinen das Gesicht nicht zu verziehen, wie gewöhnliche Menschen.“ Elisabeth war von einem starken Helferwillen erfüllt, trotzdem ist sie nicht zu den aktivistischen Naturen zu zählen, die sich in atemloser Tätigkeit verausgaben. Sie war eine betrachtende Natur, was alle Heiligen offen oder verborgen sind. „Außer diesen Taten eines barmherzigen Lebens, erkläre ich vor Gott, daß ich selten eine Frau gesehen habe, die so beschaulich war. Mehrere fromme Männer und Frauen haben gesehen, wie ihr Gesicht wunderbar erstrahlte, als wenn Sonnenstrahlen aus ihren Augen leuchteten, wenn sie im Gebet versunken war“, schrieb Magister Konrad über sie nach Rom. Elisabeth war aktiv und kontemplativ zugleich; beides zusammen vermittelte ihr das Erlebnis der göttlichen Anwesenheit, dank der sie sich bei aller menschlichen Verlassenheit nie ganz allein fühlte. Mehrfach wurden ihr Erscheinungen zuteil, und sie verstand sie stets als Tröstungen Gottes, daß sie bei aller Einsamkeit doch nicht von Christus verlassen sei. Visionen sind keineswegs bloße Phantasiegebilde, die aus körperlichen Erschöpfungszuständen oder überreizten Nerven hervorgehen. Eine solche Auffassung ist rationalistische Ungläubigkeit, die gerade das innere Bild der Heiligen nicht wahrnimmt. Visionen dokumentieren die Verbindungen mit der oberen Welt. Um ihrer visionären Schau willen bedurfte Elisabeth auch keiner Bilder zur andächtigen Betrachtung. Die alten Berichte sagen: „Bilder brauchte sie keine, weil sie dieselben im Herzen trug.“

Nach Elisabeths Flucht aus der Wartburg griff vorübergehend ihre Tante Mathilde, Äbtissin von Kitzingen, in ihr Schicksal ein und geleitete sie zu ihrem Oheim Egbert, Bischof von Bamberg. Der geistliche Herr gab ihr den Ratschlag, sich wieder zu vermählen, aber Elisabeth wies die Zumutung mit Abscheu von sich, zumal sie schon bei Lebzeiten Ludwigs gelobt hatte, im Falle seines Todes sich nicht wieder zu verheiraten. Entsprechend ihrem lebhaften Temperament äußerte sie bei dieser Gelegenheit, sich lieber die Nase abzuschneiden, als noch einmal sich von einem Manne umfangen zu lassen. Elisabeths Plan war, arm zu leben und den Lebensunterhalt von Tür zu Tür zu erbetteln. Das Vorhaben war über alle Maßen kühn, sogar Franziskus hatte nur seinen Jüngern, nicht aber den Jüngerinnen den Bettel geboten. Die frühere Szene, da Elisabeth noch zu Lebzeiten Ludwigs ein Bettlergewand anzog und zu ihren Dienerinnen gesagt hatte, so werde sie aussehen, wenn sie einst vor den Türen betteln ginge, war nicht nur ein schauspielerischer Einfall gewesen. Die im Spaß getane Äußerung verriet ihre geheime Sehnsucht. Nun erachtete sie den Zeitpunkt für gekommen, um den Gedanken in die Tat umzusetzen. Konrad verweigerte ihr aber die Zustimmung und wies den Plan schroff zurück, so sehr Elisabeth ihn weinend darum anflehte. Er fand, es schicke sich nicht für die ehrwürdige Landesfürstin, in einem derart armseligen Aufzug ihr Leben zu fristen. Das hitzige Gespräch zwischen Elisabeth und Konrad endigte mit der Erklärung der Heiligen: „Dann werde ich etwas tun, woran ihr mich nicht hindern könnt.“

In dieser Zeit wurde es auch Elisabeth klar, daß sie auf dem Weg in die Armut und ins Elend unmöglich ihre kleinen Kinder mitnehmen könne. Es war eine schmerzliche Erkenntnis, aber sie konnte sich der Einsicht nicht verschließen. Mochte auch ihr mütterliches Herz brechen, sie mußte sich von ihren Kindern trennen. Keine Handlung der Heiligen hat so viel Verständnislosigkeit, ja Mißbilligung erfahren, wie Elisabeths Verzicht auf die Kinder. Doch sind auch hier die voreiligen Urteile nicht am Platze. Sich darüber aufzuhalten, ist wahrhaftig nicht schwer und entspricht dem Gefühl jeder Mutter; Elisabeth war jedoch keine Rabenmutter, die ihre Kinder dem Schicksal überließ, um den egoistischen Vergnügungen nachzujagen. Vielmehr befand sie sich in der Situation, in der es galt, sich voll Vertrauen in das Absurde zu stürzen. Der Entschluß, die Kinder einer klösterlichen Erziehung zu übergeben, ist ihr nicht leicht gefallen. Wahrscheinlich war der Verzicht auf die Kinder noch schwerer als der Abschied von dem in den Kreuzzug ziehenden Gatten und die Flucht aus der Wartburg. Bei der Trennung von den Kindern wurde ein lebendiges Stück Fleisch aus ihrem Leib herausgerissen. Es war ein großes und schweres Opfer für sie, nur vergleichbar dem Opfer, das von Abraham auf dem Berge Moria verlangt wurde, da er den irdischen Verstand zurücklassen mußte und nur noch den Glauben mitnehmen konnte, womit er die Bereitschaft unter Beweis gestellt hat, Gott auch das Liebste zurückzugeben. Darüber Lob oder Tadel auszusprechen steht dem lauen Sonntagschristen nicht zu, denn es ist die allerschwerste Prüfung, der ein Mensch unterworfen werden kann. Elisabeth hat Gott angefleht, sie die Liebe zu ihren Kindern nicht stärker fühlen zu lassen als die zu den übrigen Mitmenschen. Die Tränen und das innere Ringen, die sie dieses Gebet gekostet hat, entziehen sich aller Beschreibung. Ihre heroische Bitte wurde erhöht, und Elisabeth hat es fertiggebracht, ihren Mägden zu sagen, sie habe ihre Kleinen dem Wohlgefallen Gottes anheimgegeben. Sie hat das unmütterlichste Opfer gebracht, das einer Mutter abverlangt werden kann, und gerade dadurch ist sie zuletzt von der leiblichen zur geistigen Mutterschaft aufgestiegen, die alle Kinder umfaßte, die ihrer mütterlichen Wärme bedurften.

Nachdem Konrad die vermögensrechtlichen Verhältnisse Elisabeths mit den Verwandten geregelt hatte, siedelte die Heilige nach Marburg über. Ob der Ort auf Elisabeths oder auf Konrads Wunsch gewählt wurde, ist nicht feststellbar. Sie kaufte einen Gutshof außerhalb Marburgs, im Lahntal gelegen, nahe bei einem Bach, und erbaute auf dem Grundstück ein Hospital, einen einfachen Fachwerkbau, der nicht über viele Räume verfügte. Nach ihrem Wunsch wurde es Franziskus geweiht, womit sie erneut ihre Zugehörigkeit zur Welt des Poverello bezeugte. Die Spitalgründung in Marburg war ein Novum, denn die Leitung der Siechenhäuser war im Hochmittelalter gewöhnlich Sache der

Geistlichkeit. Hier übernahm eine Frau diese Aufgabe, was das Erstaunen der Zeitgenossen hervorrief.

Die Aufnahme ins Hospital wurde von der Ablegung der Beichte abhängig gemacht. Im übrigen hielt Elisabeth auf gute Ordnung. Die Kranken wurden gepflegt, und sie tat es selbst, besorgte auch alle übrigen Arbeiten, einschließlich der Kocharbeit, die bei ihr nicht besonders gut aufgehoben war. Elisabeth nahm sich besonders der Kranken an, Menschen, die mit Krätze oder Aussatz behaftet waren und von denen sich jedermann angewidert abwandte. Sie war frei von Ekelgefühlen, pflegte besonders die übelriechenden Kranken, badete die geplagten Kinder selbst, ohne davon das geringste Aufsehen zu machen. Die ästhetischen Geister haben die vor nichts zurückschreckende Aufopferung nie verstanden, eine literarisch tätige Dame sprach sogar vom „Kult des Widerwärtigen", den Elisabeth getrieben habe[17]. In Wirklichkeit ging es Elisabeth um jene radikale Selbstüberwindung, zu der nur der Mensch der Gnade fähig ist; mit der heitersten Miene der Welt sagte sie: „Das Leben der Schwestern in der Welt ist das armseligste, und wenn es ein armseligeres gäbe, ich hätte es gewählt!"

Elisabeth sah im Kranken immer den armen Menschen; der Arme war für sie in jeder Form eine religiöse Gestalt: In ihm verbarg sich der Heiland. „Wie wohl ist uns, daß wir unseren Herrn so baden und zudecken", sagte Elisabeth einmal, eine Äußerung, die ihr Innerstes öffnet. Eine dabeistehende Magd verstand die Worte nicht und meinte: „Euch mag wohl dabei sein; doch weiß ich nicht, ob es andern ebenso geht." Die Erwiderung zeigt die Kluft zwischen Elisabeth und anderen Menschen. Für sie war Caritas eindeutig Christusdienst: „Was ihr einem dieser Geringsten getan habt, das habt ihr mir getan." Diese Haltung feit den Menschen gegen alle Überdrüssigkeiten und verleiht seinem Dienst den rechten Sinn. Für Elisabeth war in den Kranken der unsichtbare Christus gegenwärtig; in ihrer Liebestätigkeit sah sie eine mystische Funktion.

Auch in Marburg war die Zusammenarbeit mit Konrad kei-

---

[17] E. Busse-Wilson, Das Leben der hl. Elisabeth, 1931, S. 106.

neswegs reibungslos. Da er ein stark beanspruchter Mann war, hielt er sich nicht immer bei ihr auf, und von einer Hausgemeinschaft zwischen Elisabeth und Konrad kann keine Rede sein. Doch er hielt strenge Aufsicht und gab immer wieder höchst unangenehme Anordnungen für sie. Manchmal kann man sich des Eindruckes nicht erwehren, als habe er es darauf abgesehen gehabt, die Heilige zu quälen. Er entfernte eigenwillig die langjährigen Dienerinnen Irmtrud und Guda, die unter Tränen von Elisabeth Abschied nahmen, und gab ihr dafür eine alte, mürrische Frau zur Hilfe, die durch ihre Launenhaftigkeit und Zanksüchtigkeit Elisabeth das Leben schwermachte; Konrad verbot ihr, Almosen zu geben, die mehr denn einen Pfennig betrugen, und zuletzt gestattete er ihr nur, kleine Brotschnittchen zu verteilen. Es kam immer wieder zu Zusammenstößen zwischen dem weißen und dem schwarzen Christentum, das Elisabeth und Konrad vertraten. Beim Dienst der Aussätzigen schreckte Elisabeth nicht davor zurück, die Geschwüre der Kranken zu berühren und zu küssen. Magister Konrad untersagte es ihr streng, und als sie trotzdem wieder einmal einen aussätzigen Knaben zu sich ins Bett genommen hatte, züchtigte er sie so stark, daß Elisabeth das Bewußtsein verlor. Aus ihrer Ohnmacht erwachend, sagte Elisabeth zu Konrad: „Du hast mich geschlagen, daß ich bis in den dritten Chor der Engel geflogen bin." Der finstere Mann gab darauf nur die Antwort: „Ich wollte, ich hätte dich bis in den neunten Chor der Engel geschlagen." Rutenschläge gehörten nun einmal zu der Erziehungsmethode dieses grobschlächtigen Beichtvaters. Zwar erreichte er sein Ziel nicht, und ein Apologet Konrads meinte dann, der Magister habe wahrlich Grund gehabt, „traurig und entrüstet zu sein über den Mißerfolg der Erziehungsarbeit", die er auf Elisabeth angewandt hatte.[18] Der seelische Habitus von Elisabeth war so ganz anderer Art, daß ihn der autoritative Mann unmöglich begreifen konnte. Die Verschiedenheit kam noch in einer Unterredung der letzten Zeit zum Vorschein. Konrad wurde krank; er ließ Elisabeth zu sich kommen und fragte sie, was sie nach seinem Tode mit ihrem Werk

---

[18] W. Maurer, a.a.O., S. 61.

zu tun gedenke, das nach seinem Dafürhalten noch zu wenig gesichert dastehe. Die Heilige blieb ganz sachlich und erwiderte mit seherischer Ruhe: „Ich werde sterben, und nicht Ihr!"

Das Vorgefühl erfüllte sich bald. Elisabeth erkrankte, und infolge ihrer Unterernährung brachte ihr Körper nicht die Kraft auf, die Krankheit zu überwinden. Sie mußte sich hinlegen und war kaum zwei Wochen krank. Konrad erschien am Krankenlager, nahm ihr die Beichte ab, obwohl sie nur wiederholte, was sie schon gebeichtet hatte. Er fragte sie auch nach ihrem Testament. Elisabeth verwunderte sich über seine Frage, da sie doch bereits alles verschenkt und über nichts mehr zu verfügen habe. Auf ihrem Krankenlager hatte sie noch eines ihrer schönsten Erlebnisse. Ein süßer Gesang wurde von den Umstehenden vernommen, als sie mit ihrem Antlitz gegen die Wand gekehrt lag. Nach einiger Zeit sprach sie zu ihrer Magd: „Wo bist du, Liebste?" Die Magd antwortete: „Hier, wie süß hast du gesungen", und Elisabeth meinte: „So hast du den Gesang vernommen? Ich sage dir: Zwischen mir und der Wand sang jauchzend ein Vöglein, und seine Stimme lockte auch mich zu singen." Es gab auch andere Stunden, denn nicht allezeit war sie von holdem Gesang umgeben. Auch sie hatte einen letzten Kampf zu bestehen, mußte sich der Teufelsanfechtungen erwehren, so daß sie oft mit lauter Stimme rief: „Flieh, flieh." Zwei Tage vor ihrem Ende wünschte sie allein gelassen zu werden und beschäftigte sich vorwiegend mit der Passion des Herrn. Bei der Morgendämmerung ertönte der erste Hahnenschrei, und Elisabeth sagte: „Siehe, die Stunde steht bevor, da die Jungfrau geboren hat." Sie empfahl alle Anwesenden Gott und tat noch die letzte Äußerung: „Nun ist die Zeit gekommen, da der allmächtige Gott seine Freunde zu sich rufen wird." In der Nacht vom 16. auf den 17. November 1231, „nach dem ersten Hahnenschrei", vollendete sie mit ihrem Sterben sich selbst.

VI

Der Leichnam Elisabeths strahlte einen süßen Duft aus. Er wurde zunächst in der Spitalkirche beigesetzt, und sogleich ereigneten sich an ihrem Grabe zahlreiche Heilungen. Frühere Berichterstatter haben sie unkritisch überschätzt, und heutige Menschen stehen ihnen skeptisch gegenüber. Die Wunder an ihrer letzten Ruhestätte sind erneutes Zeichen ihrer Strahlungskraft. Elisabeth blieb auch fernerhin die wundertätige Frau, das Volk lief in hellen Scharen zu ihrem Grabe, und Marburg wurde zu einem viel aufgesuchten Wallfahrtsort.

Weit über die Landesgrenzen hinaus stand man unter dem Eindruck der Heiligen. Magister Konrad sammelte eifrig alle Zeugnisse und bemühte sich sehr um die Heiligsprechung. Er und der hessische Landgraf waren gleicherweise daran interessiert. Das Begehren führte in kürzester Zeit zum Ziel. Elisabeth ruhte noch nicht vier Jahre im Grab, da kam es zu Pfingsten 1236 schon zur offiziellen Heiligsprechung der ehemaligen Landgräfin von Thüringen. Papst Gregor IX., der sich schon zu Lebzeiten Elisabeths mit einem Brief an sie gewandt hatte, hob sie zur Ehre der Altäre, und eine Woche später faßte er in einem Schreiben an die Königin von Kastilien ihre Bedeutung in die Worte zusammen: „Die Esse hat sie in den Werken leidenschaftlicher Liebe glühend gehalten; denn sie hat Gott und den Nächsten feurig geliebt. Und wohnend am verzehrenden Feuer und an der ewigen Glut, hat sie die Habsucht, die Mutter des Streites, ausgelöscht und hat ihre Hand von unrechtem Gute weggezogen." Im gleichen Jahre der Heiligsprechung wurde mit der Grundsteinlegung der Elisabethenkirche in Marburg begonnen, in die hernach ihre Gebeine überführt wurden. Der Kaiser selbst, barfüßig und im Büßergewand, schritt dem Zug voran. Seither gilt Elisabeth als die Nationalheilige Deutschlands; der Ruhmestitel ist ihr bis auf den heutigen Tag geblieben.

Bald nach Elisabethens Tod setzte auch die Legendenbildung ein, die zwar oft die Dramatik ihres Lebens verdunkelte und die erschütternde Wirklichkeit neutralisierte. Das bekannte Rosenwunder, das zudem der Gestalt Ludwigs Unrecht tut, ist aus einem anderen Heiligenleben entlehnt. Die Mahnung Reinhold Schneiders ist durchaus am Platze: „Wir dürfen die Blüten der Legende, die sie umrankt, nicht knicken; sie sind zu innig um sie geschlungen; wohl aber müssen wir sie ein wenig zur Seite biegen, um die Schmerzen zu ahnen, die Elisabeth verschwieg." [19] Ein rein nach den geschichtlichen Akten berichtetes Elisabeth-Leben bleibt unbefriedigend, und die nur historisch eingestellte Forschung – auch wenn sie unter dem Vorzeichen der Romantik steht – dringt zu wenig in die Tiefe und enthüllt das verborgene Antlitz nicht.

Es ist unmöglich, die Gestalt Elisabeths auf eine einzige Formel zu bringen, dazu ist sie viel zu reichhaltig. Sie selbst hat ihre Aufgabe dahin gedeutet, „das, was hinter ihr liegt, durch das Entgegengesetzte ausgleichen und leiden zu müssen". Offensichtlich eine tiefsinnige Interpretation. Hinter Elisabeth lag eine mit schwerer Schuld beladene Familiengeschichte, die sie durch ihre wirklich entgegengesetzte Hingabe an die Erniedrigten und Beleidigten leidvoll und restlos gesühnt hat. Geht man dem Weg nach, auf dem sie dies getan hat, dann eröffnet sich die Sicht von der „gekreuzigten Barmherzigkeit". Elisabeth ging es nicht um ein billiges Mitleid, das den Menschen nichts kostet; bei ihr tat sich jene Barmherzigkeit der Seligpreisungen auf, für die sie seelisch gekreuzigt wurde. Ihre Zeitgenossen haben sie für ihre schenkende Liebe, symbolisch gesprochen, ans Marterholz gehängt, genauso wie sie es einst mit dem Herrn getan haben. Anders ist die evangelische Barmherzigkeit noch nie gelebt worden, man muß die Kreuzigung von Elisabeths Liebe in ihrer ganzen Schrecklichkeit stehenlassen, muß sehen, wie sie verhöhnt und geschlagen wurde und wie sie ihre Passion getragen hat. Gerade durch die gekreuzigte Barmherzigkeit wuchs Elisabeths Drama in die Heilsgeschichte hinein.

Elisabeths Haltung der Heiligkeit bekundet sich zunächst in einem starken Verlangen zur freiwilligen Armut. Der Geist des Franziskus lebte greifbar in ihr. Die vornehmen Gewänder wurden ihr zu eng, sie empfand sie als eine Last und nicht als eine Lust. Der Reichtum bedrückte sie, und mit aller Kraft strebte sie von ihm weg. Als Gattin des Landgrafen war ihr dies zunächst verwehrt. Sie war an gewisse standesgemäße Vorschriften gebunden, und deshalb trug sie ihr härenes Hemd unter dem

[19] R. Schneider, a.a.O., S. 181.

schönen Gewand verborgen. Nach dem Tode Ludwigs entledigte sie sich ihrer fürstlichen Pracht, sie warf sie wie Flittertand in eine Ecke und tat den kühnen Schritt in die Armut und Freiheit. Keine Fesseln banden sie mehr an die Welt; Elisabeth entledigte sich aller Bindungen, und mit einer urchristlichen Entschiedenheit bekannte sie sich zur Armut. Elisabeth führte im deutschen Raum die Armut in die Kirche zurück, jene dem Verstand unfaßliche mystische Armut. Armut war für sie ein Mysterium und kein bloß ökonomisches Problem; in keiner noch so fortschrittlichen Gesellschaftsordnung verschwindet je vollständig die Armut Christi.

Der andere Gegenpol zu ihrer fürstlichen Herkunft war ihr bewußter Wille zur Demut. Elisabeth hat sich in ihrer Erniedrigung stets neben und nie über ihre Mitmenschen gestellt. Das freiwillige Herabsteigen entspricht allein der christlichen Demut, die eine der allerwesentlichsten Haltungen ist, die das Evangelium fordert und deren Kraft die Welt aus den Angeln hebt. Elisabeth ist in den Abgrund der letzten Demut hinabgestiegen, eine Tat, die das eigentliche Zeichen der Heiligkeit ist. Man kann nicht umhin, die bewußt erstrebte Selbsterniedrigung Elisabeths die gekreuzigte Barmherzigkeit zu nennen. „Abstieg, nicht nur besuchsweise, um dann wieder zu sicheren Höhe, zum eigenen Niveau zurückzukehren, wie es alle Wohltätigkeit und alle Sozialarbeit pflegt, sondern um dort zu bleiben", ist Elisabeths Charakteristikum[20].

Elisabeth hat die Verwirklichung der Armut wie auch den Willen zur Niedrigkeit mit einer lichtvollen Fröhlichkeit getragen. Die asketische Heilige war alles andere als eine sauertöpfische Frau. Die Vorstellung von einem griesgrämlichen Menschen käme einer Entwartung der Heiligkeit gleich, die ohnehin ohne Ausstrahlung wäre. Man hat Elisabeth schon eine Verbitterung andichten wollen und dabei auf jene Begebenheit hingewiesen, da sie aus einem Mißverständnis heraus einem jungen Mädchen das blonde Haar mit einer Schere abschnitt. Mit einer hämischen Gesinnung hat dies nichts zu tun; Elisabeth hat das

[20] I. F. Görres, Zwischen den Zeiten, 1960, S. 321/22.

weinende Mädchen damit getröstet, daß es dadurch ungewollt von der weiblichen Eitelkeit frei werde. Sie wußte um die Freude, ausdrücklich wird vermerkt, „sie ertrug auch die Entbehrungen mit Freuden“. Sie lachte, als sie von einer boshaften Frau in den Kot gestoßen wurde, sie übte die Werke der Nächstenliebe mit heiterem Gemüt aus; selbst wenn sie sich insgeheim geißelte, zeigte sie in der Öffentlichkeit ein fröhliches Antlitz, und ebenso empfand sie während der Visionen eine unaussprechliche Freude. Immer wieder wird die innere Heiterkeit Elisabeths erwähnt, die ein Strahl der frohen Botschaft des Evangeliums ist. Die gekreuzigte Barmherzigkeit ist insgeheim vom religiösen Jubel begleitet. Elisabeth war von einem religiösen Leichtsein inmitten aller schweren Kämpfe erfüllt, sie hätte sonst nicht das Vöglein gar lieblich singen hören und selbst mitgesungen. Die seelische Heiterkeit ist eine ihrer allerschönsten Wesenseigentümlichkeiten, sie ist ein unvergleichliches Charisma, mit dem ein Mensch beschenkt wird. „Ich habe es auch immer gesagt, es ist unsere Aufgabe, die Menschen fröhlich zu machen“, eine Parole, die den Hintergrund der Heiligen erhellt. Treffender kann man das christliche Licht nicht umschreiben, als es in dieser Losung geschehen ist. Freude zu verbreiten ist vor allem die Aufgabe der Christen; sie müssen die Traurigkeit besiegen, die nicht nur eine vorübergehende Seelenregung ist, sondern seit dem Sündenfall zur Substanz der Seele gehört. Wem es gelingt, die Menschen von Herzen fröhlich zu machen und sie nicht bloß für einen flüchtigen Moment mit fragwürdigen Mitteln zu belustigen, der hat ihnen das Evangelium gebracht. Mit heiterem Wesen zeigt Elisabeth abermals, daß sie das südliche Vorbild kongenial verstanden hat. Sie war von der inneren Fröhlichkeit erfüllt und hat die religiöse Freude gekannt, die mit dem Evangelium identisch ist.

Armut, Demut und Fröhlichkeit sind schön, und trotz ihrer geistigen Schönheit umschreiben sie das Leben Elisabeths noch nicht vollständig. Sie genügen nicht ganz, so wenig wie die geschichtsphilosophische Bemerkung, die in Elisabeths Bestrebung das neue Menschenbild sehen will, das dasjenige des streng geordneten 12. Jahrhunderts ablöste. Das sind nachgerade beliebte

Formulierungen und sagen wenig aus, wie auch die Betonung der Fremdheit von Elisabeths Gestalt, weil sie sich nicht in das Schema der heutigen Zeit einfügt. Vielmehr sei noch einmal an die Deutung Mechthilds von Magdeburg erinnert, die den Schluß mit dem Anfang verbindet. Nach ihren Worten war Elisabeth eine Botin des Himmels, gesandt zu den „unseligen Frauen, die in den Burgen saßen, die so sehr mit Unkeuschheit durchflossen waren, so gänzlich mit Hochmut überzogen und ständig mit Eitelkeit all so sehr umfangen, daß sie von Rechts wegen in den Abgrund hätten fahren müssen". Hat diese Sinngebung von Elisabeths Sendung nur für ihre und nicht auch für die heutige Zeit Gültigkeit? Wenn sie durch die moderne Zeit überholt wäre, so lohnte es sich nicht mehr, sich mit ihr zu beschäftigen, oder es käme auf ein bloß historisches Interesse hinaus, das ihr nicht gerecht wird. Die Heiligen jedoch sind von überzeitlicher Bedeutung. Aber Mechthilds Sicht darf nicht ohne weiteres auf die gesamte Frauenwelt ausgedehnt werden. Sonst macht man sich einer Verallgemeinerung schuldig, die, wie jedes Kollektivurteil, falsch ist. Es gibt unter den Frauen der modernen Zeit einige – beileibe nicht alle! –, die sitzen nicht mehr in den Burgen, dafür aber auf hohen Barhockern und baumeln mit den Beinen. Sie sitzen im Fond ihrer Autos und fahren mit einem unangenehm zur Schau getragenen Selbstbewußtsein durch die Welt. Sie sind vom gleichen Hochmut erfüllt wie einst die stolzen Burgfrauen. der neue Reichtum erweckt in ihnen eine unausstehliche Arroganz, die auf ihren gemalten Gesichtern geschrieben steht. Ebenso unbedenklich jagen sie den erotischen Abenteuern nach, bewegen sich auf der Straße der fischenden Katze und sind deswegen von derselben Unkeuschheit durchflossen, die Mechthild an Elisabeths Zeitgenossen schon so schändlich fand. Wegen der Allgewalt der Mode und der Kosmetik sind viele heutige Frauen von einer Eitelkeit umfangen, die die Gefallsucht zum einzigen Inhalt des Lebens erhebt. Es haben diese Dinge nur ein wenig die Farbe gewechselt, genau besehen aber ist alles gleich geblieben, nur mit dem Unterschied, daß einst Hochmut, Unkeuschheit und Eitelkeit als Sünde galten, während sie heutzutage zu den Selbstverständlichkeiten der Welt gehören, über die sich niemand mehr aufregt. Wahrhaftig, es ist ein Jammer, denn daß die derart eingestellten Frauen auch heute wiederum von Rechts wegen in den Abgrund fahren müßten – wer wollte es bezweifeln? Oder befinden sie sich schon dort, wenn man ihr seelisches Unglücklichsein bedenkt, das sie unter einer hochnäsigen Maske verbergen? Im Evangelium aber entscheidet nicht das Recht, sondern die Gnade, und die ewige Barmherzigkeit legt uns die Möglichkeit nahe, die unselige Situation anders zu sehen und auch für diese modernen Frauen zu hoffen und zu beten, damit auch sie wieder zu ihrem wahren Selbst zurückfinden.

Soweit besitzt Mechthilds Deutung von Elisabeths Sendung auch für die gegenwärtige Zeit ihre unverminderte Gültigkeit. Ihre letzte Äußerung, „Elisabeths Vorbild ist manche Frau gefolgt, soweit sie es wollte und konnte", weist jedoch den Blick nochmals in eine andere Richtung. Gibt es auch heute noch Frauen, die sich Elisabeth zum Vorbild wählen? Sicherlich, wenn sie auch unbekannt sind. Wäre die elisabethanische Nachfolge in der modernen Zeit nicht eine überaus verwirrende Angelegenheit? Genauso, wie Elisabeth gehandelt hat, kann man sich wohl in der Gegenwart nicht mehr benehmen, es käme einer lächerlichen Kopie gleich; Vorbild will im Geist und nicht im Buchstaben erfaßt sein. Die heutige Zeit bedarf eines neuen elisabethanischen Vorbildes, dem die moderne Frau in ihrer andersartigen Situation nachzufolgen vermag.[21]

---

[21] Weitere Arbeiten über Elisabeth schrieben: Graf von Montalembert, Leben der hl. Elisabeth (übersetzt von Städler, 1845); L. v. Strauss und Torney, Das Leben der hl. Elisabeth von Thüringen; F. J. Weinrich, Elisabeth von Thüringen, 1958 (Romanform); H. v. Königswald, Die hl. Elisabeth, 1961; Elisabeth von Thüringen, die Zeugnisse ihrer Zeitgenossen (ed. Maril) 1960.

HEDWIG VON SCHLESIEN

I

Wie sah St. Hedwig aus? Was für eine Gestalt hatte sie, und mit welchem Antlitz blickte sie in die Welt? Wir wissen es nicht. Es gibt kein authentisches Bild aus der Zeit ihres Lebens. Das von Hedwig verwendete Siegel zeigt das Bild einer schlanken Figur, eingehüllt in ein fließendes Gewand, und die Gesichtszüge lassen sich nicht erkennen. Alle die zahlreichen Abbildungen aus Hedwigs Leben stammen aus einer wesentlich späteren Epoche, sind Zeugnisse der Malerphantasie und entsprechen nicht zeitgenössischer Porträtkunst.

Wenn wir auch über die äußere Gestalt nicht Bescheid wissen, so vermögen wir doch ihr inneres Antlitz wahrzunehmen. Ihr seelisches Bild prägte sich der Nachwelt unauslöschlich ein. Das wahre Antlitz der Heiligen schimmert in lichtvollem Glanz aus der Legenda maior de beata Hedwigi hervor, wobei das Wort Legende nicht mit der Vorstellung von schmückender Ausmalung verbunden werden darf. Es ist bei dieser Schrift eindeutig mit „Lebensbeschreibung" zu übertragen. Die von einem unbekannten Priester verfaßte Vita ist natürlich im mittelalterlichen und nicht im modernen Stil geschrieben. Der Autor stand dem seelischen Entwicklungsgang Hedwigs gleichgültig gegenüber, auch überliefert er wenige authentische Worte aus dem Munde der Heiligen. Trotzdem ist die anmutige Lebensbeschreibung, die bei wiederholtem Lesen durchaus gewinnt, von unschätzbarem Wert. Sie ist nicht allzu lang nach dem Tode Hedwigs entstanden. Der Verfasser besaß Augenzeugenberichte, kannte die Aussagen der im Kanonisationsprozeß einvernommenen Personen und benützte auch eine kürzere, verlorengegangene Hedwigs-Vita. Der Autor wußte eine Menge Einzelheiten zu berichten, die nicht den Eindruck des Erfundenen erwecken und die der Lebensbeschreibung eine unverkennbare Lebendigkeit verleihen. In der Berichterstattung ist die alte Vita von glaubwürdiger Zuverlässigkeit, sie überträgt keineswegs, was im Mittelalter oft vorkam, einfach legendarische Erlebnisse anderer Heiliger auf Hedwig. Wer eine jahrhundertealte Lebensbeschreibung zu lesen versteht und auch auf ihre Hintergründe achtet, dem enthüllt sie Hedwigs inneres Antlitz, das uns mit fragenden Augen entgegenblickt und von religiöser Schönheit ist.

Dabei richtet die Vita mit Recht ihre Aufmerksamkeit nicht in erster Linie auf Hedwig als Herzogin von Schlesien. Selbstverständlich erwähnt die Vita ihr herzogliches Dasein auch, aber nicht an primärer Stelle. Gräfinnen, Herzoginnen und Prinzessinnen werden den Menschen in allen Illustrierten, Zeitungen und Wochenschauen übergenug gezeigt, und es ist den Leuten wenig geholfen, wenn sie diese Fürstlichkeiten inmitten ihrer Schloßeinrichtungen sehen. Ein Mensch des echten Adels wünscht auch gar nicht zur Schau gestellt zu werden. Hedwig als Herzogin von Schlesien betrachtet ist ein Thema, das, ernsthaft aufgefaßt, vorwiegend von historischem Interesse ist, dem gern ein antiquarischer Geruch anhaftet und das nicht um den wesentlichen Menschen kreist, den der schlesische Dichter Angelus Silesius in seinen berückenden Sinnsprüchen besingt.

Wer das Überzeitliche von Hedwigs Gestalt zu Gesicht bekommen will, muß sich bewußt der Heiligen zuwenden. Der heiligen Hedwig aber kommt man nicht mit wissenschaftlichen Methoden bei, da die kühle Objektivität nicht in ihre Nähe gelangt und es zum mindesten eines persönlichen Einsatzes bedarf. Die Heiligen werden in der heutigen Zeit selten wahrgenommen; es scheint, als wollten sie sich aus der lärmigen Gegenwart immer mehr zurückziehen und den modernen Menschen seinem glänzenden Elend überlassen. Dabei ist die Begegnung mit den Heiligen eine der vordringlichsten Notwendigkeiten unserer Zeit. Freilich darf man vom Heiligen nicht mehr im Litaneiton reden, auch nicht in der allzu abgegriffenen Sprache der Devotion, die mehr abschreckt als anzieht. Ebenso entspricht die witzig-ironische Art nicht der neuen Sprache, mit der man in lebendiger Weise von den Heiligen reden muß. Es gilt, die Heiligen aus ihren Voraussetzungen heraus zu begreifen: Wie wir, standen auch sie mitten in der Welt und blieben trotz aller geschichtlichen Wirbel von durchsichtiger Klarheit. Der Heilige stellt den Einbruch des Ewigen in das Zeitgeschehen dar. Wer dieses unvergleichliche Erlebnis an einer Gestalt genau beobachten konnte, dem vergeht ein für allemal der wohlfeile Spott über die langweiligen Gipsfiguren, und er wird aus seinem bloßen Dahinvegetieren herausgerissen.

Es ist eine falsche Vorstellung, der Heilige sei dem früheren Menschen ohne weiteres begreiflich gewesen, und nur der vom modernen Zeitgeist erfaßte Mensch habe hierin allerlei Schwierigkeiten. Auch der Verfasser der Hedwigs-Vita bemerkt einmal, „noch mehr verwundert es", und fügt ein andermal hinzu: „Wunderbar ist dies, wenn auch nicht zur Nachahmung geeignet." Was besagen diese Ausführungen anderes, als daß auch er innere Widerstände überwinden mußte. Wer das Befremdliche an den Heiligen gar nicht sieht, der nimmt sie wahrscheinlich nicht richtig wahr. Man muß ihre Andersartigkeit als Stachel stehenlassen und darf sie nicht mit einigen glatten Aussagen überspielen. Das zunächst Unverständliche gehört zu ihnen, es ist die notwendige Schranke, die sie davor bewahrt, ohne weiteres unserer Vorstellungswelt eingegliedert zu werden. Vorerst gilt es, diesen Unterschied anzuerkennen, und erst nachher weicht dank der dem Heiligen entgegengebrachten Liebe das Befremdliche dahin. Eine undefinierte Ausstrahlung ging von Hedwigs Heiligkeit aus, zumal sie eine der höchsten Gestaltungen menschlicher Existenz verkörperte. Schon zu Hedwigs Lebzeiten zog sie die Aufmerksamkeit auf sich, und nach ihrem Tode brauchte ihrer Beachtung nicht künstlich nachgeholfen zu werden. Sie ragte mit ihrer Sendung weit über ihre adlige Umgebung hinaus und gestaltete ihr Dasein zu einer Schöpfung der göttlichen Kunst von höchstem Rang. Ihr Sein läßt sich mit einem Wort von Margarete Susman deuten: „Es ist ein ungeheures Geheimnis, daß gerade die allergrößten Menschen fast immer nur geschaffen haben, statt zu leben. Wahrhaftig zu leben vermögen nur die Heiligen."[1] Die zutreffende Wahrnehmung rührt an Hedwigs Mysterium. Sie konnte leben, sie war imstande, ihrem Dasein die Form zu geben, die sie vor ihrem Gewissen als richtig empfand, und sie gehörte nicht zu den bemitleidenswerten Kreaturen, die mit dem eigenen Leben stets unzufrieden sind, weil daraus nicht das geworden ist, was sie erhofft haben. Wer erfüllt unsere tiefste Sehnsucht? Was entspricht unserer wahren Bestimmung? Mit derartigen Fragen muß man an die Heilige herantreten, weil sie fähig ist, darauf auch zu antworten. Hedwigs Schwiegertochter Anna bemerkt einmal: „Ich habe das Leben verschiedener Heiliger kennengelernt, doch habe ich nie etwas Ähnliches oder Größeres an Strengheiten gehört, als ich sie bei ihr selbst geschaut habe." Nach dem Urteil einer nächsten Verwandten war ihr bis dahin kein Wesen von gleicher Stärke begegnet. In Hedwig hat sie es zum erstenmal geschaut. Auch wir sehen das innere Antlitz Hedwigs, sofern wir nicht nur flüchtig hinblicken, wohl aber darüber meditieren können, bis es sich unauslöschlich dem Grund der eigenen Seele einprägt.

II

Joseph Freiherr von Eichendorff schrieb eine kleine Arbeit über „Die heilige Hedwig". Der schlesische Dichter sagt über die schlesische Heilige leider nur wenig aus. Es war ihm vor allem um eine Verteidigung der Verehrung der Heiligen zu tun, die er als der Menschen Schutzengel auffaßt, den die Kinder sehen, wenn sie im Schlummer lächeln. Doch meint Eichendorff, „um die wunderbare Erscheinung der heiligen Hedwig gehörig zu begreifen und zu würdigen, müssen wir uns vor allem ihren Standpunkt in der Weltgeschichte klarzumachen suchen. Dieser Standpunkt ist das Mittelalter."[2] Eichendorff nannte den richtigen Aspekt, wobei unter dem mittelalterlichen Gesichtspunkt die persönliche Situation Hedwigs zu verstehen ist, im Sinne des individuellen Erlebens und nicht der zeitgeschichtlichen Be-

---

[1] M. Susman, Ich habe viele Leben gelebt, 1964, S. 64.
[2] J. v. Eichendorff, Historische und literarische Schriften, 1948, S. 185.

dingtheit. Dabei ist nicht das „dunkle Mittelalter" gemeint, das die Romantiker im verklärten Lichte sahen, sondern es geht um die Wirklichkeit jener mittelalterlichen Welt, in der Hedwig mittendrin stand und die ihre ureigenste Sicht war.

Hedwig besaß nur eine mangelhafte Kenntnis vom mittelalterlichen Weltgeschehen, da die Nachrichtenübermittlung damals zu wünschen übrigließ. Zwar war sie die Gattin des Herzogs und stand deswegen dem schlesischen Geschehen unmittelbar nahe. Hedwig führte nicht das Dasein eines unscheinbaren Mauerblümches; sie war von der Vorsehung mitten in die Ereignisse hineingestellt, nützte ihre Stellung auch vollends aus und interessierte sich für alles. Trotzdem war sie keine politisierende Frau, bei der die Machtansprüche des eigenen Herzogtums an erster Stelle standen. Andere Anliegen beschäftigten sie viel stärker. Aber Eichendorffs Bemerkung unterstreicht mit Recht, daß sich Hedwig, wie alle Menschen, in einem geschichtlichen Raum und nicht in einem luftleeren Bezirk bewegte. In ihrer Christlichkeit war sie durch ihre konkrete Lage als Herzogin gefragt, und sie wich nicht in eine ferne Abstraktion aus, die den Standort immer verfehlt, sondern sie antwortete mit ihrem Sein darauf, was allein der Wahrheit entspricht.

Hedwig wurde auf der Burg Andechs in der Nähe des Ammersees geboren. Die elterliche Burg hatte eine durch die Jahrhunderte geprägte Geschichte hinter sich, die zu Hedwigs Lebzeiten jedoch ein unerwartetes und unrühmliches Ende erfuhr. Sie fiel der völligen Zerstörung anheim, weil zwei Brüder Hedwigs, Bischof Ekbert von Bamberg und Graf Heinrich von Andechs, der Beteiligung an der Ermordung König Philipps von Schwaben beschuldigt wurden. Was Hedwig mit ihrer Familie erlebte, war beinahe eine mittelalterliche Buddenbrooks-Geschichte – sie lief auf eine Vernichtung ihres stolzen Stammsitzes hinaus. Wir wissen nicht, was Hedwig gesagt hat, als sie von der dem Erdboden gleichgemachten Burg erfuhr. Die Nachricht muß sie wie ein schweres Gericht Gottes empfunden haben.

Nicht minder stark traf sie das Schicksal ihrer Schwester Gertrud, die mit dem König Andreas II. von Ungarn vermählt war. Aus ihrer Ehe ging Elisabeth von Thüringen hervor, jene Frau, die durch ihr demütig-verschenkendes Leben auf der Wartburg zu jener Heiligen aufstieg, deren leuchtendes Bild das deutsche Volk durch seine Geschichte hindurch begleitete und von der Reinhold Schneider einst schrieb: „Die Gebeine der Ärmsten in der höchsten Krone, das sollte das Reich sein.“[3] Elisabeths Mutter dagegen hatte keinen Sinn für Geschichte im Symbol; sie war eine ihrer Tochter entgegengesetzte Natur. Erfüllt von einem übertrieben nationalistischen Bewußtsein, bevorzugte Gertrud im fremden Lande unbedenklich ihre deutschen Landsleute, was die Ungarn zu maßlosem Zorn reizte. Zu ihrer mangelnden Assimilierungsfähigkeit kam noch eine unersättliche Raffgier, so daß man sie in ihrer neuen Heimat gänzlich ablehnte. Schließlich empörte sich der ungarische Adel gegen die verhaßte Königin, und Gertrud hauchte in ihrer „Sünden Maienblüte“ unter Mörderhänden ihr Leben aus, ohne daß sie für Buße und Absolution Zeit gefunden hatte. Gertrud nahm nicht als unschuldiges Opfer ein schreckliches Ende; ihr Tod kam einer Katastrophe gleich, die Hedwig unendlich bedrückte.

Auch über ihre Schwester Agnes gelangten düstere Nachrichten zu Hedwig. Der französische König Philipp II. war mit der dänischen Prinzessin Ingeborg verheiratet, gegen die er jedoch eine eheliche Abneigung empfand und die er dann kurzerhand verstieß. „Böses Frankreich, Rom, Rom!“ rief die unglücklich gemachte Frau im Scheidungsprozeß aus und hoffte auf eine Appellation an den Papst. Bald darauf begegnete Philipp der schönen und stolzen Agnes, die er in einem stürmischen Liebesrausch zu seiner Gemahlin erhob. Sie gebar ihm zwei Kinder. Rom anerkannte jedoch die neue Ehe nicht und belegte, da Philipp auf seinem Standpunkt beharrte, Frankreich mit dem Interdikt. Der König versuchte zu trotzen, wurde aber zum Nachgeben gezwungen und trennte sich von der ihm leidenschaftlich zugetanen Agnes, die das Ende ihrer großen Liebe nicht zu überleben vermochte. Von Liebesgram verzehrt und keineswegs verzaubert, starb Agnes wenige Monate später an ihrer Herzenswunde. Wie ein dunkler Schatten senkte sich die Nachricht von Agnes’

---

[3] Briefwechsel R. Schneider – E. Przywara, 1963, S. 87.

Leben und Tod auf Hedwig, und sie verneigte sich tief vor der durch eigene Schuld bedingten Tragödie.

In der von Hedwig begründeten Familie in Schlesien spielten sich ebenfalls überaus traurige Ereignisse ab. Die Piasten, in deren Sippe Hedwig geheiratet hatte, waren ebenso zärtlich wie grausam und erwiesen sich vor allem als eine streitsüchtige Gesellschaft, die fast ständig untereinander Fehden auszufechten hatte. Hedwigs Ehegatte war daran beteiligt, und sie vermochte ihn trotz eifrigen Zuredens nicht davon abzuhalten. Der Vater kämpfte gegen den Sohn, der Bruder gegen den Bruder. Statt des von Hedwig erwünschten harmonischen Familienfriedens tat sich ein abgründiger Haß auf. Die kriegerischen Auseinandersetzungen spielten sich so nahe vor den Augen Hedwigs ab, daß das Blut beinahe ihre Kleider bespritzte. Sie empfand den unseligen Hader als Frevel gegen Gott. Es war eine wahre Heimsuchung, deren Bitternis ihr viel zu schaffen machte; anders läßt sich das Geschehen gar nicht bezeichnen.

Alle diese Ereignisse bildeten die konkrete, historische Situation, die Hedwig zu bewältigen hatte. Sie wurde von den Geschehnissen geschüttelt, sie zitterte vor ihnen und empfand wie der alte Jakob der biblischen Geschichte: „Es geht alles über mich!" Es war Hedwig nicht möglich, darin nur dumpfe Schicksalsschläge zu sehen, die kein Ende nehmen wollten. Eine solche areligiöse Betrachtung entsprach Hedwig nicht. Sie besaß allezeit ein waches Gewissen, das ihr unmißverständlich sagte: Alle die dunklen Geschehnisse im Leben deiner Verwandten wurden durch unbeherrschte Leidenschaften und selbstverschuldete Verwirrung verursacht. Was ihre Nächsten privat und öffentlich taten, war Schuld und nochmals Schuld und zum drittenmal Schuld, die sie auf sich luden. Im Geschichtsverlauf häufen die Menschen ununterbrochen Schuld auf sich, sie übernehmen sie von ihren Vorfahren und geben sie an ihre Nachkommen weiter; ihre Wohnungen sind von Schuld durchtränkt. Ein Schlund von Schuld verschlingt fortwährend alles, und aus dem endlosen Kreislauf scheint niemand ausbrechen zu können.

Es gibt in der menschlichen Geschichte nur zwei Möglichkeiten: schuldig werden oder sich opfern. Ein dritter Weg existiert nicht. Hedwig antwortete auf die von blinder Leidenschaft und teuflischer Streitlust erfüllte Geschichte ihrer Familie mit der zweiten Möglichkeit, dem einzigen Ausweg aus den furchtbaren Irrungen. Sie besann sich auf die uralte Wahrheit: „Man muß Gegensätze durch Gegensätze heilen", eine Einsicht, die noch heute nichts von ihrer Gültigkeit verloren hat. Schon ihre Nichte, die hl. Elisabeth von Thüringen, war von der gleichen Deutung der ihr gestellten Lebensaufgabe überzeugt, indem sie der Ansicht war: „Was hinter uns liegt durch das Entgegengesetzte auszugleichen und leiden zu müssen." Auch Hedwig zögerte nicht, den gleichen Weg zu gehen. Hinter den beiden Frauen lag eine harte, von Sünde und Schuld erfüllte Familiengeschichte, die sie nicht einfach von sich ablösen konnten, weil sie sich doch in einer von Gott erschaffenen Welt abgespielt hatte. Die von Lust und Leid, von Verbrechen und Krieg durchtoste Geschichte stand in schroffem Gegensatz zu den geoffenbarten Forderungen des Allmächtigen. Hedwig begehrte die Seiten des anklagenden Schuldbuches nicht in gleicher Weise voll zu schreiben, sondern dem verhängnisvollen Circulus vitiosus ein radikales Ende zu bereiten. Durch das Entgegengesetzte wollte sie ihn aufsprengen und ausgleichen. Die Maxime „Gegensätze durch Gegensätze heilen" bedeutete für Hedwig soviel wie sühnen. Die Schuld durfte nicht als unabänderliches Verhängnis hingenommen werden – dies entspricht dem antiken Schicksalsglauben –, sie mußte wiedergutgemacht werden. Hedwig wollte mit ihrem Leben das Unrecht ihrer Familie wieder in Ordnung bringen und strebte danach, Sühne zu leisten. Diese Überlegung enthüllte Hedwigs innerstes Denken. Sie war darauf bedacht, zu sühnen – das Wort im ursprünglichen Sinne verstanden. Sie wünschte nicht nur eine kleine Korrektur anzubringen, um damit den Ausgleich zu schaffen. Dies hätte ihr zu wenig bedeutet. Ein Kapitel ihrer Vita ist mit den Worten überschrieben: „Von der Ernsthaftigkeit des Lebens der hl. Hedwig", eine Formulierung, die die alten Überzeugungen geprägt haben. Sie machte mit der Sühne Ernst, so ernst, daß es dem gewöhnlichen Christen beinahe den Atem verschlägt. Das gerade ist großartig an Hedwig, daß sie den letzten Ernst aufbrachte und sich mit keiner Vorläufigkeit begnügte.

Hedwig wurde durch die Sühneleistung zur Büßerin. Was eine Büßerin ist, die diesen Namen auch verdient, weiß der Mensch von heute kaum noch, oder er hat nur eine blasse Ahnung davon. Die Büßer gehören zur Christenheit und bilden einen eigenen Stand. Sie traten schon im Neuen Testament auf, wenn an Maria Magdalena gedacht wird, die, von verzehrender Reue durchdrungen, die Füße Christi umklammerte. Auch in der alten Kirche spielten die Büßer eine Rolle: Die in den Verfolgungszeiten abgefallenen Christen erlangten nur durch eine längere Bußzeit ihre Wiederaufnahme in die Kirche. Im Mittelalter lebten überaus eindrucksvolle Büßergestalten, allen voran Margareta von Cortona. Die Geißlerzüge waren zwar durch eine Massenpsychose bedingt, aber man darf sie doch nicht nur als pathologische Phänomene bezeichnen, da in ihnen auch ein Bußanliegen enthalten war. In der Mönchsbewegung ist der Bußgedanke überaus lebendig; eine der tiefsten Bußanekdoten stammt aus ihrer Mitte: „Der sterbende Abbas Sisoes sieht die Propheten und die Apostel. Das Leuchten seines Antlitzes stieg noch mehr, und er sprach mit jemand. Es fragten ihn die Ältesten: ‚Mit wem unterhältst du dich, Abbas?‘ Er antwortete: ‚Die Engel sind gekommen, mich abzuholen, und ich flehe sie an, daß sie mir noch etwas Zeit geben sollen, damit ich Buße tue.‘ Es sagten ihm die Ältesten: ‚Du benötigst keine Buße, Abbas.‘ Er aber antwortete ihnen: ‚Ich weiß, daß ich noch keinen Anfang mit der Buße gemacht habe.‘“[4]

In diese Reihe gehört auch Hedwig. Sie zählt zu den Büßerinnen großen Formats. Mitten in der Welt stand sie, zwar nicht, um das gedankenlose und unverantwortliche Treiben fortzusetzen, sondern um es zu sühnen. Dementsprechend wurde sie im Sarg auch in ein Bußgewand gehüllt. Viele ihrer Handlungen, die sonst unbegreiflich bleiben, werden durch ihr Sühnebestreben verständlich, und gerade wegen ihrer überdurchschnittlichen Bußübungen stieg sie zur Heiligen auf, die Heiligkeit als eine Veränderung der Natur und nicht als eine sittliche Qualität verstanden. Hedwigs Buße ist keine zeitgeschichtlich bedingte Auf-

[4] Arseniew, Die geistigen Schicksale des russischen Volkes, 1966, S. 73.

fassung. Sie hat in gewandelter Form noch heute Gültigkeit. Nach Peter Wust bleibt auch für die Intellektuellen der Gegenwart kein anderer Ausweg mehr übrig, als „ihr ganzes weiteres Leben nur als das Leben von Poenitierenden zu betrachten, um durch den Geist wieder zu sühnen und gutzumachen, was vom Geiste her am irregeführten Volke gefehlt worden ist“[5]. Im Verlangen nach Sühne liegt eine gewaltige Kraft beschlossen; es ist dies niemals ein unfruchtbares Tun, in welchem sich der Mensch nutzlos verzehrt. In der Reue reinigt sich die Seele von der Schuld. Dostojewskij ist „immer der Meinung gewesen, daß das letzte Wort gerade diese Büßer aussprechen werden ..., sie werden es sagen und uns den neuen Weg weisen, den neuen Weg ins Freie aus allen unseren anscheinend vollkommen unlösbaren Problemen“[6]. Hedwig hat durch ihre Sühne das neue Wort gesprochen, nach dem die Welt im tiefsten Grunde lechzt. Die Heiligen haben den neuen Weg gefunden, der damals und heute ins Freie führt. Hedwig steht mit ihrer Buße nicht im irdischen Licht da, ihre Leuchtkraft ist nicht der Widerschein der auf sie fallenden Sonnenstrahlen: Sie hat ein Licht in sich wie Rembrandts Gestalten, ein Licht, das von innen kommt und sie in einer unfaßlichen Glorie aufflammen läßt.

III

Über Hedwigs Kindheit führt die Vita aus: „Von ihrer Jugend an besaß sie einen gereiften Sinn, vermied alle Leichtfertigkeiten und war bestrebt, sittsam zu leben und jugendliche Torheiten zu fliehen. Sie verschönte die Reinheit ihres unschuldigen Lebenswandels und verwendete außerordentliche Mühe auf die Bewahrung der Herzensreinheit und Züchtigkeit“ (S. 48), so daß sie „in ihrer Kindheit kaum etwas Kindisches getan hat“. Die Schilderung ihrer Kindheit entspricht dem üblichen Schema der Heiligendarstellung, die den heutigen Menschen nicht mehr sonderlich anspricht. Der moderne Leser ist mißtrauisch gegen alle

---

[5] P. Wust, Gesammelte Werke, ed. Vernekohl, Bd. VI, S. 394.
[6] Dostojewskij, Lit. Schriften, S. 308.

geistlichen Musterkinder. Die Heiligen, die schon in der Wiege heilig waren, reizen ihn nicht zur Nachahmung. Begreiflicherweise, da in dieser Hinsicht zuviel getan wurde. Es bleibt fraglich, ob die beständige sittsame Lebensweise der Wirklichkeit Hedwigs entsprach. Doch ist eine bruchlose Entwicklung auch nicht prinzipiell zu verneinen, da man sonst nur in einen dogmatischen Psychologismus hineingerät, der ebenfalls von vorgefaßten Meinungen ausgeht. Das Kinderland des Menschen ist eine ungewöhnliche, nie restlos zu durchleuchtende Angelegenheit. Sein Bestes stammt oft von dorther. Es gibt Menschen, die die heilige Einfalt ihrer Kindheit in das Erwachsenendasein hinüberretten und in den Pubertätsjahren nicht daraus herausfallen. Warum sollte Hedwig ihre kindliche Herzensreinheit nicht während der törichten Mädchenjahre in sich erhalten haben? Das ist an sich durchaus möglich. Die Bewahrung der Kindheit deutet auf ein erstes Geheimnis der Heiligen hin. Nicht umsonst hat sie in der Taufe den Namen Hedwig, die Kämpferin, erhalten.

Doch wird über die junge Hedwig noch eine andere Nachricht überliefert, die das falsche Bild, als wäre sie vom ersten Tag an vollendet gewesen, korrigiert. Diese allzu salbungsvolle Meinung brachte die schiefe Betrachtung in die Hagiographie hinein und bewirkte ihre Unglaubwürdigkeit. Die erwähnte Ausführung lautet: „Gott jedoch findet man nicht in der Welt der Genußmenschen; denn er verabscheut die Gesellschaft der Bösen. Wo ihn aber dann finden, da doch die ganze Welt im argen liegt? Wo ihn also suchen, wo ihn finden, ihn, nach dem ihre Seele sich abhärmte? Auf der einen Seite sah sie, wie schwer es war, ihn zu finden, und auf der anderen wollte sie doch nicht lassen von der Liebe zu ihm. So war ihr Herz ständig in Unruhe und wurde von widerstrebenden Regungen qualvoll hin und her geworfen. Die Liebe drängte sie, den Geliebten zu suchen, aber die Schwierigkeiten, ihn zu finden, ließen sie nicht zum Ziel kommen. Während sie so innerlich von Zweifeln zerrissen war, wurde ihr endlich vermittels der Heiligen Schrift vom Himmel eingegeben, daß er zu finden sei in den Gefilden des Waldes, wo er mit den Einfältigen trauten Umgang pflegt.“ Diese Sätze schieben das starre Heiligenklischee kurzerhand zur Seite und zeigen Hedwigs Wirklichkeit. Diese Ausführungen sind von um so größerer Bedeutung, als sie ausgerechnet in der Heiligsprechungsbulle stehen, wo sie niemand vermutet. Mit nackten Worten wird ausgesprochen, wie Hedwig sich abhärmte, welche Unruhe ihr sehnsüchtiges Herz überflutete, wie Zweifel an ihr nagten und wie sehr sie unter den widerstrebenden Regungen litt. Kann eines Menschen Herz rücksichtsloser enthüllt werden? Der aufgewühlte Seelenzustand der jungen Hedwig wird deutlich unterstrichen, und unmißverständlich ist gesagt, daß auch sie durch schwere innere Kämpfe hindurch mußte und nicht am ersten Tag eine Heilige wurde. Mit großer Ehrlichkeit wird eines jungen Menschen Gärung beschrieben, eine Phase, die Hedwig wie alle Werdenden durchgemacht hat. Sie tritt hierin ganz schlicht neben uns, man spürt deutlich das gemeinsame menschliche Schicksal, man versteht plötzlich Hedwig, und der junge Mensch fühlt sich von ihr verstanden. Dann aber übersteigt sie unsere Wenigkeit und entfernt sich wiederum von uns.

Hedwig verblieb dem chaotischen Zustand nicht verhaftet, sie überwand ihre seelische Zerrissenheit dank der benediktinischen Erziehung, die sie im Kloster Kitzingen erhielt. Benediktinische Geistigkeit formte sie in ihrer Jugend. Hedwig fühlte sich durch die klösterliche Erziehung nicht eingeengt. Sie nahm sie als eine Selbstverständlichkeit hin und empfand die benediktinische Bildung wohltuend, weswegen sie auch später ihre Lehrerin Petrissa nach Schlesien berief. Es ist ein Geschenk, von Benedikts Geist geprägt zu werden und das auf den Lebensweg zu empfangen, was uns davor bewahrt, in weltanschaulicher Beziehung ins Leere abzusinken.

Nach der Vita lernte Hedwig „im Kloster Kitzingen die Heilige Schrift kennen; mit dem Studium derselben brachte sie ihre Jugend nutzbringend zu“. Wiederum scheint hier ein Klischee von einem heiligen Mädchen vorzuliegen, das seine aufblühenden Jahre ganz mit der Lektüre der Bibel zugebracht habe. Trotzdem ist der Verdacht nicht angebracht, hierin ein Schema vorgesetzt zu bekommen. Auffallend ist, daß die im Mittelalter geschriebene Vita auf die Heilige Schrift und nicht auf die Gebetbücher hinweist. Vielfach herrscht die falsche Vorstellung, die Bibel sei dem Menschen jener Zeit ein unbekanntes Buch geblieben. Natürlich besaßen damals nicht alle Menschen die Bibel griffbereit zur Hand. Dies war unmöglich, weil die Buchdruckerkunst noch nicht erfunden war. Man las aber die Heilige Schrift in den Gottesdiensten, ihr Inhalt lag auch dem klösterlichen Unterricht zugrunde, und gerade weil sie dem damaligen Menschen nicht ohne weiteres zugänglich war, achtete man auf ihre Ausführungen mit um so größerem Interesse. Das Verhalten von Franziskus bei der Verlesung von Christi Aussendungsrede ist hierfür ein anschauliches Beispiel. Hedwig nahm die Heilige Schrift in sich auf, ihr Inhalt ging in ihre Seele ein und formte sie.

Der gleiche Abschnitt der Vita enthält noch eine bedeutsame Bemerkung. Danach besaß Hedwig „als Lehrmeister den Heiligen Geist“. Das kleine Sätzlein ist als Deutung zu verstehen, die jedoch den Schlüssel zu ihrem Innersten in sich schließt. Hedwig befand sich unter der Leitung des Heiligen Geistes, der die Anwesenheit Gottes ist. Einzig daraus läßt sich Hedwigs geistige Unabhängigkeit erklären, die in ihrem Leben immer wieder wahrzunehmen ist. Sie war keine leicht zu lenkende Natur, hatte sie doch von den Dingen ihre eigene Auffassung und war davon nicht abzubringen. Der Heilige Geist verlieh ihr die innere Festigkeit. Hedwig stand unter seiner unmittelbaren Führung. Mochte man darüber staunen, woher Hedwig in ihren oft schwierigen Lebenslagen die Weisheit nahm, stets das Richtige zu tun, so wird man immer wieder auf den Heiligen Geist stoßen. Hedwig war ein Geistmensch, ohne dadurch ein Schwarmgeist zu sein. Sie stand in einem unmittelbaren Verhältnis zu Gott; das ist allezeit das Größte, was sich in einem Menschenleben ereignen kann. Das Unmittelbare ist entscheidend, es unterscheidet den Heiligen vom gewöhnlichen Menschen.

Benediktinische Zucht, Heilige Schrift und die Gabe des göttlichen Geistes sind die drei Mächte, die das Leben Hedwigs gestalten und ihr die Periode innerer Zerrissenheit überwinden halfen. Ohne den dreifachen Zusammenklang wäre ihre Jugendkrise nicht durch eine christliche Daseinsführung abgelöst worden. Was sie auch in ihrem Leben tat, stets muß man diesen Hintergrund hinzudenken, aus dem ihr Handeln floß. Unter diesen Einflüssen wuchs Hedwig zu jenem innerlich festen Menschen heran, der genau wußte, was er erstreben wollte.

Das zwölfjährige Mädchen wurde dem achtzehnjährigen Herzogssohn Heinrich angetraut. Keine romantische Liebesgeschichte führte sie in die Arme ihres Gatten. Hierin war sie ihrer Schwester Agnes nicht ähnlich. Mit keinem Wort wird berichtet, daß sie Heinrich als den süßesten Gemahl empfand und überglücklich war, seine Geliebte zu sein. Die Eltern hatten ihr den Mann zugeführt, und Hedwig hat sich in kindlichem Gehorsam der Anordnung gefügt. Nach der Vita hat sie bei der Eheschließung „mehr den Willen ihrer Eltern als ihren eigenen erfüllt". Die Bemerkung befremdet den heutigen Leser, und sie entspricht auch nicht der menschlichen Bestimmung. Im Hinblick auf das jugendliche Alter der beiden Gatten hat Hedwig eine Kinderehe geschlossen, doch schien diese den Eltern aus dynastischen Gründen geboten zu sein. Der junge Gemahl führte seine Angetraute mit einem ansehnlichen Brautschatz aus dem Bayernland hinweg in das ferne, damals fast ausschließlich von Polen bewohnte Schlesien. Man hatte an das junge Mädchen nicht geringe Anforderungen gestellt, denn nicht nur war ihr der Gatte unbekannt, auch das Land war ihr völlig fremd. Wohl fühlte sie sich zunächst einsam in der Fremde, aber sie beklagte sich nicht über ihr Schicksal. Tapfer bejahte sie die veränderte Situation, tapfer lernte sie die polnische Sprache und begann, das noch wenig besiedelte Land mit seinen Holzkirchen zu lieben. Sie hat damit bewiesen, daß sie in jeder Beziehung eine mutige Seele besaß.

Nachdem Hedwigs Gatte Heinrich zur Regierung gekommen war, bemühte er sich redlich um sein Land. Er war nicht gewalttätig eingestellt und liebte kein überstürztes Handeln. Seinen Untertanen gegenüber benahm er sich nicht hochmütig und brachte auch den einfachen Leuten ein gewisses Verständnis entgegen. Hedwigs Ehe mit Heinrich dem Bärtigen, wie er in der Geschichte genannt wird, ist jedoch nicht durch die Bezeichnung charakterisiert „die Frau an der Seite des Gatten", es war umgekehrt: der Mann an der Seite der Frau. Hedwig war trotz des jungen Alters der überlegenere, zielgerichtetere Mensch, der bald die Führung in der Ehe übernahm. Ein Jahr nach ihrer Eheschließung gebar Hedwig ihr erstes Kind; sie war damals dreizehn Jahre und dreizehn Wochen alt. Man ist versucht zu sagen, das Kind bekam ein Kind, aber das wäre doch nicht der zutreffende Ausdruck, denn offenkundig besaß Hedwig trotz des jugendlichen Alters die notwendige Reife. Sie gebar ihrem Gatten noch weitere sechs Kinder, von denen freilich einige früh starben. Hedwig gehörte zu den Müttern unter den Heiligen. Es gibt nicht nur heilige Nonnen, wie oft ungerechterweise behauptet wird, nein, es gibt auch heilige Mütter, die sich mit Kinderfreuden und Kinderleiden abgegeben haben. Zu ihnen zählte die Herzogin von Schlesien. Bis zum heutigen Tag haben die schlesischen Frauen sie ins Herz geschlossen. Die Mütter erkennen in ihr die Mutter und empfinden sie bei aller Hoheit als ihresgleichen.

Doch bemühte sich Hedwig nicht nur, durch Kindergebären ihre Seligkeit zu erlangen. Sie beobachtete in ihrer Ehe auch die Enthaltsamkeit. Die Vita berichtet darüber ausführlich: „Sie wünschte sehr, durch die Keuschheit Gottes Wohlgefallen zu erringen, und verpflichtete sich deshalb mit Zustimmung ihres Gemahls zur Enthaltsamkeit, soweit der Ehestand es erlaubte. Fühlte sie, daß Gott sie gesegnet habe, so blieb sie voll Ehrfurcht der Wohnung ihres Gatten und dem ehelichen Umgange fern und hielt daran fest bis nach der Geburt des Kindes ... Sie bemühte sich nicht nur, wie erzählt wird, nach jeder Empfängnis enthaltsam zu wandeln, sondern brachte auch durch heilsame Ratschläge und Zuspruch ihren edlen Gemahl dazu, daß er mit ihr zusammen heilige Enthaltsamkeit übte, und zwar alle Jahre den ganzen Advent hindurch, in der Fastenzeit, an allen Quatembertagen, an den Feiertagen, an den Vigilien und Festen der Heiligen und an den Sonntagen. Sie war der Meinung, daß ihr Dienst den Heiligen und Gott selbst das Fasten nicht genehm sei, wenn es mit irdischen Freuden begangen würde. Daher lebte sie mit ihrem Gemahl oft einen Monat lang, bisweilen auch sechs Wochen, ja sogar acht Wochen lang enthaltsam, obgleich sie nicht voneinander getrennt zur Ruhe gingen." Es wäre verfehlt, aus dem Bericht auf eine mangelhafte Liebe zu ihrem Gatten zu schließen. Freilich war sie keine von sinnlicher Leidenschaft erfüllte Frau, und niemals hätte sie wie Héloise an Abälard schreiben können: „In dem Namen Gattin hören andere vielleicht das Hehre, das Dauernde; mir war es immer der Inbegriff aller Süße, deine Geliebte zu heißen, ja, bitte zürne nicht, deine Schlafbuhle, deine Dirne.“ [7] Hedwig aber war auch keine frigide Frau. Es ist nicht nötig, in dieser Frage wie sie zu denken; mit ihrer Enthaltsamkeit rettete sie jedoch die eheliche Vereinigung vor dem Absinken in eine alltägliche, ohne seelisches Erleben sich vollziehende Gewohnheit, und diese blieb dadurch stets ein gesteigertes Fest der Freude.

Hedwig gewann bald einen starken Einfluß auf das weiche Gemüt ihres slawischen Gatten. Sie verstand es, Heinrich sanft zu lenken, ohne in ihm das entwürdigende Gefühl wachzurufen, unter dem Pantoffel zu sein. Die Heilige beriet ihren Gatten auch oft in seiner Regierungstätigkeit. Gottschalk wirft in seiner gelehrten Hedwig-Monographie bewußt die Frage auf: „Hat die schlesische Herzogin Hedwig Anteil an der Politik ihres Gatten genommen oder war sie die weltfremde Büßerin, die getrennt von ihm ihr religiöses und charitatives Eigenleben führte?“ [8] Mit Recht hat er den ersten Teil der Frage bejaht und damit das einseitige Bild Hedwigs korrigiert. Die Heilige „redete ihrem Gatten mit Rat und Ermahnung zu“, sie scheute sich auch nicht, ihren Lebensgefährten zu tadeln, wenn sie fand, er handle hart. Die Heilige nahm an der Politik ihres Landes aktiv Anteil, und manchmal griff sie in den Ablauf bestimmend ein. Hinter Heinrich stand Hedwig, über seine Schultern blickt ihr Antlitz uns entgegen, und nicht umsonst wird sie die Herzogin Schlesiens genannt.

Hedwigs starke Askese bereitet dem heutigen Menschen wohl die größte Schwierigkeit. Sie steht in einem offensichtlichen Widerspruch zu der modernen Körperkultur, bei der die Hauptin-

---

[7] Abälard, „Die Leidensgeschichte und der Briefwechsel mit Héloise“, ed. Brost, 1954, S. 91.

[8] J. Gottschalk, St. Hedwig, Herzogin von Schlesien, 1964, S. 167.

teressen auf „jung und schön" liegen. Der Mensch der Gegenwart lebt ganz anders als Hedwig, und man darf wohl fragen, ob sie oder wir am Jüngsten Tag die bessere Antwort zu geben wissen. Hedwigs Askese, die einst viel gerühmt wurde und heute eher mit einer leisen Abscheu betrachtet wird, läßt sich nur aus ihrem Büßertum begreifen. Doch geht es bei Hedwigs Pönitenz weder um Ruhm noch um Pathologie. Beide Gesichtspunkte verfehlen gleicherweise das richtige Verständnis. Hedwig wollte die Schuld ihrer Familie gutmachen, weshalb sie sich eine Askese auferlegte, die unter den Aspekt der Sühne fällt.

Eine asketische Haltung nahm sie in der Frage der eigenen Kleidung und Nahrung ein. Wegen ihrer adeligen Abstammung brachte Hedwig ihr Leben größtenteils auf Burgen zu. Sie wußte, was sie ihrem herzoglichen Stande schuldig war. Als Gattin des Fürsten ging sie in prächtigen Kleidern einher, bewohnte ein warmes Gemach und schlief in einem prunkvoll ausgestatteten Bett. Aber die schmucke Gewandung berauschte sie nicht. Gefallsucht und Eitelkeit sind mit den glanzvollen Kleidern verbunden, mit denen Hedwig nichts zu tun haben wollte. Sie legte die schönen Roben ab, versorgte sie im Laufe der Jahre im Schrank, und auch von den kostbaren Pelzen, die dem weiblichen Antlitz so schmeicheln, wollte sie nichts mehr wissen. Fortan hüllte sich die schlesische Herzogin in einen einfachen Mantel und begehrte nicht mehr, mit glänzenden Stoffen etwas vorzustellen. Ohne alle Aufmachung war sie eine Persönlichkeit, deren Hoheit aus der einfachsten Kleidung herausschimmerte; es war das Sein, das sie bestimmte, und nicht der Schein.

Doch genügte ihr der Verzicht auf vornehme Kleiderpracht noch nicht. Unter ihrer Gewandung trug sie ein Büßerhemd und einen rauhen Gürtel aus Roßhaar, der ihr Fleisch wund rieb. Sie trug diese Dinge nicht aus unnötiger Selbstquälerei, es war dahinter eine Bußgesinnung verborgen.

Zu ihrer Askese gehörte auch der Verzicht auf Schuhe. Anstatt in hübschen Schuhen einherzugehen, wie sie die Füße der Damen schmücken, schritt Hedwig, trotz Eis und Schnee, barfuß dahin. Ihre Umgebung nahm oft daran Anstoß; sie aber ließ sich nicht irremachen. „Es geschah einst zur Winterszeit, daß sie lange dem frommen Gebete oblag; da sah sich die Dienerin, die auf sie wartete, wegen der großen Kälte veranlaßt, ihr zu sagen, daß sie es nicht länger aushalten könnte. Hedwig trat auf die Seite und befahl ihr, auf den Platz zu treten, wo sie eben mit bloßen Füßen gestanden hatte. Als dies die Dienerin getan hatte, verschwand sofort die Kälte, und angenehme Wärme erfreute sie." Doch darf man sich mit solchen Legenden nicht über die Härte ihrer Kasteiung hinwegtäuschen. Hedwigs Füße waren voller Risse, sie bluteten oft, und es ist nötig, sich die schrundigen Fußsohlen zu vergegenwärtigen, dieweil das Leben der Heiligen schwer und nicht romantisch war. Wer sich die geschundenen Füße Hedwigs genau ansieht, dem vergeht alle unverbindliche Schwärmerei über die Heilige, und es steigt ihm eine Ahnung auf, wie mühsam der Aufstieg zur Heiligkeit ist. Es gibt noch eine Begebenheit in Hedwigs „Schuh-Askese", die zugleich dartut, mit welchem Humor sie einen Kleriker zu überbieten imstande war: „Der Abt Günther, der damals ihr Beichtvater war, überreichte ihr neue Schuhe und trug ihr im Gehorsam auf, sie zu tragen. Freudig nahm sie dieselben an, aber sie trug sie nicht an den Füßen, sondern, wie gesagt, unter den Armen. Nach Ablauf eines Jahres tadelte sie der Abt wegen des Ungehorsams, daß sie die Schuhe nicht getragen habe. Nunmehr zeigte sie die Schuhe so neu vor, wie sie dieselben erhalten hatte, also nicht abgenützt, dabei sprach sie demütig: Mein Vater, ich war gehorsam, hier sind die Schuhe, die du mir gegeben hast; ich habe sie oft getragen." Wegen dieses Vorkommnisses wird Hedwig auf vielen Abbildungen dargestellt, wie sie die Schuhe mit langen Schäften über den rechten Arm gelegt hat, während ihre Füße unbeschuht sind, was man ohne Kenntnis dieser Begebenheit nicht völlig versteht. Hedwig stand mit nackten Füßen auf dieser Welt, sie spürte den steinigen Boden und machte sich keine Illusionen über die Rauheit dieser Erde.

Auch in der Nahrungsaufnahme übte Hedwig eine straffe Selbstzucht. Nie ließ sie sich gehen, und schon gar nicht frönte sie den Gaumenfreuden. „Vom Genuß von Fleisch und jeder Speise, die mit Fett zubereitet war, enthielt sie sich ungefähr vierzig Jahre lang. Sie ließ sich durch niemandes Bitten und Ermahnung dazu bewegen, diese fromme Gewohnheit aufzugeben." Den Wein, den man ihr einschenkte, pflegte sie stets den Armen zu geben, worüber sich ihre Umgebung ärgerte. Allein, sie ließ sich vom Protest der Kapläne nicht einschüchtern, sondern tat, was ihr das Gewissen vorschrieb. Nach dem Urteil ihres Sohnes Heinrich, vermochte kein Zureden seine Mutter dazu zu bewegen, die Strenge zu mildern. Es genügten ihr Grütze und Hülsenfrüchte, Fische und Brot, gelegentlich trank sie ein wenig gekochtes Bier und Milch. „Ich esse, was mir genügt", sagte sie auf alle Vorhaltungen, ein Wort, das alle heutigen Gesundheitsregeln, die aus der richtigen Ernährung eine halbe Religion machen, wie Spreu wegbläst. Man kann in dieser Hinsicht keinen vernünftigeren Grundsatz aufstellen, er ist zehnmal klüger als alles Fasten um der schlanken Linie willen. Jedenfalls fühlte sich Hedwig bei diesen einfachen, kargen Mahlzeiten wohl und erreichte dabei ein ansehnliches Alter. Zudem geißelte sich Hedwig selbst, und zwar manchmal bis aufs Blut. Auch dies bereitet dem heutigen Verständnis einige Mühe. Für Gerda Rossman ist es in ihrer guten Hedwig-Biographie beruhigend zu wissen, „daß Kardinal J. H. Newman, als man ihm auf einer Besuchsreise eine Geißel neben sein Bett legte, diese empört zerbrach"[9]. Der Gegensatz ist nicht mit dem Hinweis auf den Unterschied des mittelalterlichen und des neuzeitlichen Menschen erklärt. Tiefere Gründe liegen vor. Es schadet auch dem heutigen Menschen nicht, einmal über die Aussage „ich züchtige meinen Leib" (1 Kor 9,27) zu meditieren. Hedwig war eine Büßerin, man kann es nicht genug wiederholen; das frühere Verständnis der Buße schloß die Askese mit ein. Man entsetze sich darüber nicht allzusehr, denn Hedwig ging in ihrer Selbstpeinigung nicht bis an die Grenze der Zerstörung der eigenen Persönlichkeit. Sie blieb eingedenk, daß „der Steuermann bei der Tugendübung die Mäßigung sei und daß die Opfergaben der guten Werke Gott nicht angenehm seien, wenn sie des Salzes der Weisheit entbehrten". Auch in der Askese beobachtete Hedwig Maß und

[9] G. Rossman, 65.

Mitte, ihre Kasteiung war in Ordnung, als Sühne ist sie der Diskussion enthoben.

Auf dem Gebiet der Keuschheit vollbrachte Hedwig die höchste asketische Leistung. Nach über zwanzigjähriger Ehe, als Hedwig in der Mitte der Dreißiger stand, brachte sie ihren Gatten dazu, auf den ehelichen Umgang prinzipiell zu verzichten und vor dem Bischof Laurentius zu Breslau die ewige Keuschheit zu geloben. Die Feierlichkeit der Handlung unterstreicht die Bedeutung, die sie selbst dem Gelöbnis zuerkannte. Nach dem Versprechen gingen Hedwig und Heinrich auseinander, jedoch nicht wie zwei Menschen nach einem Scheidungsprozeß: Die Heilige blieb Heinrichs Gattin, das Sakrament der Ehe war für sie verbindlich, auch wenn sie es sich nicht mehr gegenseitig spendeten. Wenn Heinrich krank wurde, eilte Hedwig an sein Lager und pflegte ihn, eine Szene, die ein spätgotisches Altarbild in Prag rührend darstellt. Doch legte Hedwig großen Wert auf die genaue Innehaltung des Gelöbnisses und vermied es fortan, mit ihrem Gatten allein in einem Raum zu sein, damit nicht unerwartet das frühere Verlangen in ihnen aufbreche. Stets mußte eine Drittperson zugegen sein, damit auch kein verleumderisches Gerede aufkomme.

Das Keuschheitsgelöbnis der beiden Eheleute gehört zu den Handlungen, die der moderne Mensch am wenigsten versteht. Er schüttelt mißbilligend den Kopf, und er empfindet es als unnatürlich. Es ist besser, diese Einrede offen zu äußern, als sie zu unterdrücken, weil sich sonst gern ein unehrliches Element in die Beschäftigung mit den Heiligen einschleicht. Diese heftige Ablehnung gehört zu den Reaktionen des heutigen Menschen, und wenn etwas nicht zu seiner Anschauung paßt, ist er sogleich mit einer Einwendung zur Stelle. Er fragt gar nicht nach den Hintergründen einer Handlung und kümmert sich nicht darum, ob sein persönliches Urteil eine Norm ist, die er auch auf weit über ihm stehende Menschen anwenden darf. Hinter den meisten vorschnellen Bewertungen steht eine nicht erkannte Einbildung, die über alles zu urteilen sich anmaßt, selbst über das, was sie nicht versteht.

Es gibt Taten der Heiligen, die niemals für alle Menschen

nachahmenswert sind. Gerade das Keuschheitsgelübde der verheirateten Hedwig gehört zu ihnen. Mit dieser Aussage ist keineswegs die Unrichtigkeit ihrer Handlung dargelegt. In der Welt werden Taten vollbracht, die für den einzelnen Menschen notwendig waren, nicht aber für die anderen. Hedwig hat sich bestimmt nicht zu diesem Schritt entschlossen, weil, wie schon argumentiert wurde, „zum Heiligkeitsideal des Mittelalters die Keuschheit gehörte und diese für die Heiligsprechung nachgewiesen werden mußte". Diese Vermutung ist unzulänglich, weil in diesem Fall Hedwig mit ihrer eigenen Heiligsprechung gerechnet hätte, was keine Heilige tut. Hedwig wußte Bescheid um das Ehesakrament und um den Ehesegen, und aller Wahrscheinlichkeit nach schätzte sie auch die ehelichen Freuden im Leben des Menschen richtig ein. Wenn ihr die Wonnen der Ehe nichts gesagt hätten, so wäre der Verzicht darauf kein Opfer gewesen. Sie hat sich nicht schmollend ihrem Gatten versagt, sondern hat mit seinem Einverständnis und mit ihm zusammen das Gelöbnis abgelegt. Heinrich war zur gleichen Überzeugung gelangt. Das Gelübde ist nicht mit der trübsinnigen Resignation einer unerfüllten Ehe zu vergleichen. Hedwigs Entschluß hatte einen viel tieferen Sinn. Ihr Enthaltsamkeitsversprechen war Verzicht auf höchster Ebene; sie schwang sich zu diesem heroischen Entschluß auf, weil von ihr fortan eine höhere Mutterschaft gefordert war. Statt bloß Mutter für ihre Familie zu sein, war Hedwig zur Mutterschaft am ganzen Volk berufen! Vor dieser das Natürliche überhöhenden Sendung ist Ehrfurcht am Platze.

Die göttliche Legitimation des singulären Entschlusses zeigt sich darin, daß Hedwig keineswegs ins Unfruchtbare abdorrte. Sie war von der Bibel geführt und unterstand der Leitung des Heiligen Geistes. Beides kommt überwältigend in ihrer Beziehung zu den Mitmenschen zum Ausdruck. Sie frönte nicht nur dem Ideal des Heiligwerdens – obwohl auch dieses seine größere Berechtigung hat, als gemeinhin angenommen wird –, sondern dachte stets daran, daß der andere auch da ist. Der Mitmensch stand ihr allezeit vor Augen, und sie vergaß ihn keine Stunde ihres Lebens, zumal das Gebot der Nächstenliebe dem Christen auferlegt ist. Vor allem wandte sich Hedwig den Mitmenschen zu, die sich in einer schwierigen Lage befanden und Beistand benötigten.

Vorbildlich war Hedwigs Verhältnis zu den Armen – ein untrügliches Zeichen echter Christlichkeit. Die Armen bilden einen Stand, den die verschwommene Humanität der modernen Zeit übersah, weswegen sie ins Proletariat absanken, das sich für seine Armut rächen will. Bei Hedwig lag noch die ursprünglich christliche Blickrichtung vor, sie sah „in allen Armen gewissermaßen den Herrn", denn Gott hat nach der Heiligen Schrift „die Armen auf dieser Welt erwählt" (Jak 2,5). Eine intensive Zuneigung zu den Armen erfüllte sie, so daß sie stets einen Hofstaat von dreizehn Armen mit sich führte, der seine eigene Wohnung und seine eigene Küche besaß. Die sie begleitenden Armen waren nicht als Diener für Hedwig angestellt, sondern umgekehrt, Hedwig wollte ihnen dienen. Am liebsten hätte sie mit jedem von ihnen aus einem Teller gegessen, wenn dies schicklich gewesen wäre. Sie stellte sich nicht über sie und setzte auch nie eine wohltätige Miene auf, wenn sie mit ihnen sprach. Hedwig betrachtete die Armen als ihresgleichen und diente ihnen jeweils mit voller Hingabe; in der Heiligsprechungsbulle heißt es, daß „sie ihnen auf den Knien das Essen reichte". Ist das eine Übertreibung eines überspannten Weibes, das sich in exzentrischen Handlungen gefällt? Der Normalbürger wird wahrscheinlich in dieser Richtung urteilen, wodurch er aber nur sein Unverständnis verrät. In Wirklichkeit ist die „Handlangerin der Armen", wie Hedwig schon genannt wurde, damit in das Tal der Demut hinabgestiegen. Das ist wahres Christentum; in der Weise hat sich der Herr benommen, als er vor den Jüngern niederkniete und ihnen die Füße wusch. Hedwig verdient den Titel „Mutter aller Armen" wirklich, den ihr die Vita gab; das ist eine der allerschönsten Ehrungen, die einem Menschen zukommen können, zehnmal wertvoller als alle weltlichen Auszeichnungen.

Auch gegenüber den Kranken war Hedwig von einer besonderen Hilfsbereitschaft. Sie verließ nie einen Kranken, ohne ihn mit einer Gabe erfreut zu haben. Sie hat nicht nur ihren erkrankten Gatten eigenhändig gepflegt, sondern angesichts aller Kranken blieb sie der Worte Christi eingedenk: „Ich war krank, und ihr habt mich besucht“ (Mt 25, 16). Die alten Abbildungen zeigen Hedwig, wie sie den Aussätzigen die Füße wäscht und den Kranken die Suppe reicht. In dieser Tätigkeit lebte sie in der Vorstellung des Volkes weiter. Auch die vielen seelisch und leiblich Kranken in der heutigen Zeit dürfen sich von Hedwig verstanden wissen, das ist keine willkürliche Hypothese, sondern diese Annahme ergibt sich doch mit innerer Konsequenz aus ihrer Einstellung.

Mit Leidenschaft trat Hedwig stets für die Gefangenen ein; sie kaufte sie los, wo es nur möglich war. Sie hat für mehr als einen zum Tode Verurteilten Fürbitte eingelegt und ihn vom Galgen gerettet. Dabei setzte sie sich keineswegs nur für Unschuldige oder von der Reue erfaßte Menschen ein. Ihre Handlung wäre dann mehr aus einem Gerechtigkeitsbedürfnis denn aus Liebe geflossen. Hedwig fragte nicht nach den Untaten der Gefangenen, sie wollte ihnen beistehen und sah in ihnen unglückliche und erbarmungswürdige Menschen. Die Heilige scheute sich nicht, in die Gerichtsverhandlungen zu gehen, weil sie wußte, daß in ihrer Gegenwart die Untersuchungsrichter sich hüteten, unmenschlich mit den Angeklagten umzugehen. Hedwigs Gemahl ordnete auch an, daß die Gefangenen bei ihrem Besuch jeweils von den Fesseln befreit würden. Sie bewirkte bei Heinrich, daß Gefangene ihre Strafen durch Bauarbeiten am Kloster Trebnitz abbüßen konnten, was einer Vorwegnahme des modernen Strafvollzuges gleichkam. Hedwig gehörte zu den ersten Bahnbrechern in der Gefangenenbehandlung.

Eine besondere Erwähnung verdient ihre Klostergründung in Trebnitz. Hedwig war Klostergründerin, weshalb sie auf den Abbildungen so oft mit einer Klosterkirche in der Hand dargestellt wird. Niemals wollte sie sich mit dem Kloster in Trebnitz selbst ein Denkmal setzen. Aber sie wußte um den Wert und die Ausstrahlung eines vorbildlich geführten Klosters. Trebnitz liegt in nicht allzu großer Entfernung von Breslau, inmitten von waldigen Hügeln. Im Januar 1203 wurde die Stiftungsurkunde des Zisterzienserinnenklosters unterzeichnet. Hedwig widmete sich unermüdlich dem Werk und stellte es auch materiell auf einen soliden Boden. Zunächst lebten die Nonnen in hölzernen

Zellen, und auch die Kirche war aus Holz gebaut. Das Kloster erfuhr beständig eine Vergrößerung, und später unterhielt es an die tausend Personen. Die Heilige selbst trat nicht ein, auch nicht nach dem Tode ihres Gatten; sie wollte nicht durch Gelübde gebunden sein und erwiderte auf die Aufforderung, das Kleid der Zisterzienserinnen anzulegen: „Ist es dir unbekannt, welch ein Verdienst es ist, Almosen zu spenden?" Als Nonne des Klosters wäre ihr die Tätigkeit für die Armen und Kranken nicht mehr möglich gewesen. Auch hierin begehrte Hedwig selbständig zu bleiben. Trebnitz hat in der Geschichte Schlesiens viel bedeutet, es hat das ganze Land beeinflußt. Das Kloster pflegte lange die Atmosphäre der mütterlichen Patronin und wußte sich vom Rummel fernzuhalten, unter dem sonst Wallfahrtsorte zu leiden haben. Der würdige Ort ist den Besuchern in verklärender Erinnerung geblieben. Doch wurde schließlich auch diese Stätte des Gebets in die Säkularisation einbezogen, und nach dem zweiten Weltkrieg richtete man im Kloster eine Textilfabrik ein – ein offensichtliches Zeichen des geistigen Verfalls des Abendlandes.

Außerordentlich war Hedwigs Askese, und ungewöhnlich war sie in ihrem Verhalten zu den Mitmenschen, aber ins Unfaßliche wuchs sie durch die geistlichen Gaben, die ihr der Himmel geschenkt hatte.

Hedwig „regierte" durch ihr Gebet, das verborgen und doch wirksam war; es bildete das Mysterium ihres Lebens. Das Gebet ist eine der stärksten Kräfte der Geschichte, wenn diese Einsicht auch historisch nicht darstellbar ist. Für Hedwig war das Gebet weit mehr als die Tat, und wer den Sinn dieser Aussage nicht zu ahnen vermag, kommt dem Wesen von Schlesiens größter Frau nicht nahe. Es verband sich bei ihr mit einem starken Drang nach Sühne. Man würde Hedwigs Gebetsleben arg mißverstehen, glaubte man, sie habe einfach viele Worte gemacht. Ihr Gebet stieg aus einer ganz anderen Tiefe herauf. Die Vita enthält hierüber einige hinweisende Aussagen: „Solche Kennzeichen der Zuneigung, Schwielen an den Knien, Risse an Händen und Füßen, und an den übrigen Gliedern die Striemen ihrer Schläge stets an sich tragend, so stellte sie sich vor das Antlitz des Geliebten, mit solchen Gesängen der Freude, mit solchen Weisen des Frohsinns, mit Seufzern und Stöhnen verherrlichte sie ihren Bräutigam, den erhabenen Gott, auf diesem zehnsaitigen Psalterspiel, auf diesem süßklingenden Instrument, durch Psalmengesang voll Andacht und anhaltendes Bittgebet sang sie ihrem liebenswerten Bräutigam." Die Ausführungen sind nicht auf das Konto des Verfassers zu setzen, denn in ihnen bekundet sich ein inniges Brautverhältnis zu Gott. Eine gesteigerte Intensität kam in ihrem anhaltenden Bittgebet und in ihren Gesängen zum Ausdruck, in denen nichts Lahmes und Gewohnheitsmäßiges untermengt war. Voll Innigkeit brannte ein glühendes Gefühl zum Himmel.

Die schlesische Heilige war eine mystisch begnadete Frau. Diese Wahrnehmung führt in ihr Heiligtum. Da Hedwig „innerlich vor Liebesglut brannte, so achtete sie nicht auf die Kälte. Ihr Herz brannte eben in ihr, und die Betrachtung erfüllte sie so mit heiligem Feuer, daß eine lodernde Flamme von ihr ausging." Hedwigs Wandel vollzog sich in der beständigen Gegenwart Gottes, sie wartete stets auf die Ankunft des Trösters, damit sie ihm beim Kommen und Klopfen schnell die Tür öffnen könne. Ihre Nachtwachen verfolgten keine andere Absicht, als mit ihrem Ohr den Hauch seiner Zwiesprache zu vernehmen. Hedwig besuchte gern verborgene, gottgeweihte Orte, und in ihrer Herzenseinfalt küßte sie manchmal den Staub der Erde. Sie stieg von den bekannten Dingen zu den unbekannten auf, schwang sich vom Irdischen zum Himmlischen auf und erblickte in der Schönheit der Welt den Urgrund der Schönheit. Beim Gebet war ihr Antlitz von Tränen überströmt, und ihre ganze Gestalt war zuweilen von einem Lichtglanz umflossen. Hedwig erlebte Verzückungen und Levitationen.

Eine Frucht der mystischen Begnadung war der in Hedwig vorhandene Geist der Prophetie. Von ihrer Jugend an bis ins Greisenalter, ja bis ans Ende ihrer Pilgerschaft, hat sie viel zukünftige Dinge geweissagt. Mit größter Bestimmtheit sagte sie ihrem Sohne voraus, er werde nicht in einem Bett sterben; er hat denn auch den Schlachtentod erlitten. Immer wieder kündete Hedwig Ereignisse zum voraus an; sie besaß den sechsten Sinn. „Das Zeugnis Jesu ist der Geist der Prophetie", ein Wort, das sich bei Hedwig erfüllte. Bei ihr war der prophetische Geist aufgebrochen, der der Christenheit nie fehlen darf, wenn sie nicht in Ratlosigkeit dastehen soll.

Die mystische Begnadung entfremdete Hedwig nicht dem Erdenleben. Sie sah „alle Dinge wie etwas Heiliges an", wenn fromme Menschen sie berührt hatten, berichtet die Vita. Das Heilige in den Dingen zu sehen, bewahrt den Menschen vor Überdrüssigkeit und Langeweile. Die Heiligen besaßen das neue Verhältnis zu den Dingen, das der heutige Mensch sucht und nicht findet; Benedikt hat es besessen, und auch bei Hedwig ist es wahrzunehmen. Sie hatten es, weil sie innerlich geformte Menschen waren, Menschen, die sich völlig in der Hand hatten und sich nicht einfach gehenließen.

Hedwig war der gelassene Mensch schlechthin. Sie dokumentierte die Gelassenheit überaus eindrucksvoll in den verschiedenen Situationen des Lebens. Beim Tode ihres Gatten rann keine Träne über ihre Wangen, obwohl sie weder gefühllos noch teilnahmslos war. Sie lebte des Glaubens, die Toten seien bei Gott, und sich selbst zu bemitleiden fand sie nicht am Platze. Die gleiche Gefaßtheit legte sie beim Tode ihres Sohnes an den Tag. Während die Tatarenschlacht noch tobte, weckte Hedwig ihre Dienerin und sprach prophetisch zu ihr: „Demundis, wisse, daß ich meinen Sohn schon verloren habe. Wie ein Vogel fliegt, so entwich mein einziger Sohn schnell von mir, und ich werde ihn nie mehr in diesem Leben wiedersehen!" Ihre Schwiegertochter Anna eilte selbst auf das Schlachtfeld und bückte sich über die Erschlagenen, sah ihnen ins Antlitz und erkannte den Leichnam ihres Gatten endlich an den sechs Zehen seines linken Fußes. Das Bild dieser suchenden Frau ist überaus eindrücklich – Käthe Kollwitz zeichnete in ihren Entwürfen zum „Bauernkrieg" eine verwandte Szene. In diesem Vorgang offenbart sich das Wesen der Geschichte: Sie ist ein Schlachtfeld, und man kann nur tastend über die Walstatt gehen, um nach den elenden Trümmern zu suchen. Die Prophetie allein erhellt ein wenig ihren Sinn. Nachdem ihr die Schwiegertochter den Tod des Sohnes bestätigt hatte, rang sich Hedwig wiederum zu jener Gelassenheit durch, die die Mystiker mit so hohen Worten preisen. Während die häusliche Umgebung über die Nachricht vom Tode des Sohnes in Tränen aufgelöst dastand, brach Hedwig in keine Schmerzensrufe aus. Sie beherrschte ihre Tränen und tröstete die anderen Menschen, anstatt daß sie von ihnen in die Arme genommen worden wäre. In unerhörter Gelassenheit sagte Hedwig zu den Frauen: „Es ist der Wille Gottes, und es muß uns gefallen, was Gott, unserem Herrn, gefällt. Ich danke dir, o Gott, daß du mir einen solchen Sohn gegeben hast, der mich, solange er lebte, immer geliebt und in Ehren gehalten hat und mich nie in etwas betrügt hat. Obwohl ich ihn sehr gern bei mir auf Erden hätte, so gönne ich ihm von Herzen, daß er durch sein Blutvergießen mit dir, seinem Schöpfer, nun schon vereinigt ist im Himmel; seine Seele empfehle ich dir, meinem Gott und Herrn, auf das wärmste." Hedwigs Verhalten war nicht unnatürlich, im Gegenteil, ihre Worte zeigen, wie stark sie von der Ergebung in den Willen Gottes durchdrungen war. Sie lehnte sich nicht auf, sie haderte nicht mit der Vorsehung und bot keinem Ding Trotz. Sie nahm alles aus der Hand Gottes entgegen. „Es muß uns gefallen, was Gott, unserem Herrn, gefällt." Man kann kein größeres Wort sprechen, und der Christ muß es beständig wiederholen. Hedwigs Äußerung schließt die tiefste christliche Lebenseinstellung in sich. In ihr ist die höchste Einswerdung mit dem göttlichen Willen erreicht. Daraus floß ihre Gelassenheit, die nichts mit Stoizismus zu tun hat. Hedwig hat die dritte Bitte des Herrengebetes, „Dein Wille geschehe, wie im Himmel, so auf Erden", ganz ernst genommen. Sie war ihr nicht nur aufgeklebt, sie plapperte sie nicht bloß nach, sondern sie durchdrang ihr Innerstes. Hedwigs Gelassenheit macht das Wesen und die Substanz ihrer Person aus. Sie betrachtete alles aus der Ergebung in den göttlichen Willen heraus und fand darüber die Worte: „Was betrübt ihr euch? Wollt ihr, daß etwas gegen den Willen Gottes geschehe? Dies schickt sich nicht für euch, meine Teuersten, da der Schöpfer mit seinem Geschöpfe ohne unseren Willen tun kann und muß, was seiner Güte gefällt. Sein Wirken an uns und für uns muß unser Trost sein, zumal wir seine Geschöpfe sind." Dermaßen gefaßt dokumentierte sich ihre christliche Gläubigkeit. Sich in den Willen Gottes ergeben, völlig ergeben, ohne jedes Murren, das ist des Menschen höchste Seligkeit nach Hedwigs Auffassung. Sie hat den gelassenen Zustand erreicht, und das gehört zum Schönsten, was man von ihr sagen kann. Über dieses Bestreben Hedwigs sollte man nicht schnell zur Tagesordnung übergehen, man muß darüber nachdenken und sich fragen, wie man diese Haltung in das eigene Dasein hineinnehmen kann. Dabei stellt man plötzlich fest, daß die schlesische Heilige nicht der Vergangenheit angehört, weil sie mit ihrer Gelassenheit in die Gegenwart hineinragt und dem Menschen hilft, mit seinem Leben fertig zu werden. Das Leben ist in dem Moment gewonnen, da der Mensch fähig wird, sich mit ganzer Seele in den höheren Willen zu ergeben.

Als Hedwig das Alter von über siebzig Jahren erreicht hatte, trat eine Krankheit an sie heran, die sie ihrem Ende entgegenführte. Wie sie starben – das ist ein Thema, das in der Heiligengeschichte eine besondere Aufmerksamkeit verdient. Nicht immer war den Heiligen eine erbauliche Sterbestunde beschieden, aber beinahe stets nahmen sie eine erstaunliche Haltung ein. Hedwig sprach offen mit ihrer Tochter über die eigene Bestattung und bemühte sich gar nicht, das heikle Thema zu umgehen. Unmißverständlich lehnte die Heilige es ab, im Grabe ihres Gatten oder Sohnes beigesetzt zu werden. „Ich will mit niemandem im Grab Gemeinschaft haben, sondern, wenn ihr mich durchaus in der Kirche begraben lassen wollt, so bitte ich, setzt mich bei vor dem Altar des hl. Johannes des Täufers." Die Ablehnung, mit einem ihrer Nächsten im gleichen Grab beigesetzt zu werden, klingt für unser Empfinden schroff und beinahe hart. Noch einmal betonte sie damit ihr selbständiges Wesen, was mehr wiegt als alle Sentimentalität. Wie nach Pascal der Mensch allein stirbt, so steht er zuletzt auch allein vor Gott und ist dafür um so stärker mit ihm verbunden.

Dann geschah noch das Letzte. Hedwig lag auf ihrem Lager, den Schleier ihrer Nichte Elisabeth von Thüringen um das Haupt gelegt, wodurch sie die Verbindung mit der Heiligen andeutete. Während sie gefaßt dem Tode entgegensah, wurde ihr die letzte Vision zuteil. Einige lichtstrahlende Gestalten traten in den Raum, und Hedwig begrüßte sie mit den jubelnden Worten: „Willkommen, meine Frauen, heilige Maria Magdalena, heilige

Katharina, heilige Thekla, heilige Ursula!“ Hedwigs mystische Zusammengehörigkeit mit der oberen Welt kommt in dieser Begrüßung deutlich zum Vorschein. Sie war der Mensch, zu dem die Heiligen kamen und die mit den Heiligen sprach, so real wie mit gegenwärtigen Gestalten und keineswegs bloß sinnbildlich. Sie verwunderte sich, daß die anderen Menschen diese Heiligen nicht auch sahen. Hedwig stand in der Gemeinschaft mit ihnen, und sie waren ihr die tröstlichste Begleitung auf ihrem Weg durch das dunkle Tor des Todes. Die wundersame Erscheinung ist ein offensichtliches Zeichen dafür, daß Hedwig selbst zur Heiligen geworden war, als sie am 15. Oktober 1243 in die Ewigkeit einging.

IV

Bei den Feierlichkeiten in Schlesien anläßlich der Erhebung Hedwigs zu den Ehren der Altäre herrschte strahlendes Wetter. Alle Gemüter waren von einer friedlichen Stille erfüllt, und trotz der riesigen Volksmenge gab es nicht den kleinsten Unfall. Der erfreuliche Ablauf wurde allgemein als eine Zustimmung des Himmels aufgefaßt; offensichtlich war der Tag einer der Höhepunkte in der Geschichte Schlesiens. Immer ist es eine lichte Zeit, wenn die Menschen sich auf Hedwig besinnen, es verziehen sich die Wolken, und es wird heiter in ihren Seelen. Wer wünschte nicht diese Erfahrung an sich zu erleben!

In der verlesenen Heiligsprechungsbulle von Clemens IV. ging der Papst von einem Wort aus den Sprüchen Salomos aus. Es ist in ihnen von einem starken Weibe die Rede, das viel edler denn die köstlichsten Perlen ist und auf das sich des Gatten Herz ausruhend verlassen kann (31,10/11). Der Ausdruck „starkes Weib“ klingt nicht gerade wohlgefällig, es verbindet sich aber damit nach der salomonischen Formulierung nicht die Vorstellung von einem Mannweib. Salomo stellt ausdrücklich die Frage: „Wer findet diese wackere Frau?“ Der Papst beantwortete sie mit dem Hinweis auf Hedwig! Danach ist das tapfere Weib die Frau, die wieder die Verbindung mit der oberen Welt gefunden hat und die zum Heil hindurchgedrungen ist. Zu der Zeit, da die Welt sich dem Abend zuneigt, war nach der päpstlichen Auffassung die mutige Frau aufgetreten, und nun gehe es nicht an, länger über sie in Unkenntnis zu bleiben. Tatsächlich ist Hedwig eine Verkörperung des echten Frauenwesens; gemäß den Sprüchen Salomos: „Lieblich und schön sein ist nichts, ein Weib, das den Herrn fürchtet, soll man loben“ (31,30). Hedwig hat ihr Werk als Frau vollbracht. Sie war eine selbständige, beinahe herbe Natur, nicht von weiblicher Anlehnungsbedürftigkeit, und ging mit einem überaus verantwortungsbewußten Schritt durchs Leben. Wie stark war doch ihre Gefühlskraft, wenn man an ihr Erbarmen mit den Gefangenen denkt. Sie war eine frauliche Erscheinung, klug und dabei demütig, betend und doch tätig, bei aller Kontemplation das aktive Leben doch nicht vergessend und mit ihrem Denken und ihrer Festigkeit ganz dem weiblichen Sein verhaftet. Das Heil der Frau liegt sicher nicht in ihrer Vermännlichung, alle Nachäfferei des Mannes stellt eine Preisgabe ihres Wesens dar. Je fraulicher die Frau ist, um so besser steht ihr dies an; die seelisch starke Frau ist ein Vorbild von zeitloser Gültigkeit, und in Hedwig fand es eine seiner eindrucksvollsten Inkarnationen. Dadurch ist sie zur geistigen Mutter Schlesiens aufgestiegen, was nur einer Heiligen möglich war, weil diese Möglichkeit die bloß menschliche Fähigkeit überfordert und nur durch Gottes Auserwählung zustande kommt.

Das schlesische Volk hat das Außerordentliche in der Erscheinung Hedwigs schon zu ihren Lebzeiten und auch in all den späteren Jahrhunderten gespürt. Es verehrte die ungewöhnliche Frau aufs innigste, es fühlte das von ihr ausgehende Fluidum des Göttlichen, es betrachtete sie als seine geistige Landesmutter und pilgerte jahrhundertelang zu ihr als der schlesischen Heiligen. In Hedwig vollzog sich eine Verbindung von Deutschtum und Polentum, sie war eine Deutsche, und ihr Gatte war ein Pole – ihre Kinder hatten das Blut von beiden Völkern in sich. Sie war deutschen und polnischen Menschen ein christliches Vorbild, wurde und wird von beiden verehrt und angerufen, nicht weil sie eine Herzogin war, sondern weil sie in ihr die Heilige sahen. Aus Zeugnissen von Lutheranern und Schwenckfeldern geht hervor, daß auch die evangelischen Christen mit nicht geringer

Ehrfurcht zu dieser Heiligen emporblicken. Diese Bezeichnung kommt ihr auf Grund ihrer heroischen Tugendausübung und keineswegs aus adeligen Privilegien zu. Für ein Land ist es ein unschätzbarer Vorzug, eine Gestalt zu kennen, zu der es auch aufschauen kann und die ihm ein unbestreitbares weibliches Leitbild vor Augen rückt. Trebnitz mit dem Hochgrab in der St.-Bartholomäus-Kirche ist für die Schlesier ein wahres Volksheiligtum geworden. Der göttliche Geist leuchtet auch in Angelus Silesius' mystischem „Cherubinischem Wandersmann" auf, so daß man dieses kostbare Buch nicht genug lieben kann, und doch erreichte er nie Hewigs Volkstümlichkeit, denn ihre Gestalt schreitet allezeit unsichtbar durch das schlesische Land.

Freilich hat sich in der Gegenwart ein schwarzes Tuch auf die Verehrung Hedwigs herabgesenkt. Die Schlesier wurden aus ihrer geliebten Heimat gewaltsam vertrieben, so daß das Trebnitz-Heiligtum ihnen genommen ist. Ist Schlesien ein Land ohne Hoffnung geworden? Die Fragen legen sich drückend auf das Gemüt, und niemals wird sich ein schlesischer heimatverbundener Mensch mit dieser traurigen Tatsache abfinden können. Das Band zwischen Hedwig und ihren Landsleuten läßt sich nicht zerreißen. Die heimatvertriebenen Schlesier haben es in der von ihnen gestifteten Holzplastik in der neuen Wallfahrtsstätte zu Andechs angedeutet: Die Hand Hedwigs verbindet sich nach wie vor mit der Hand der einfachen Frau aus dem Volk. Die lebendige Hedwigs-Verehrung erfährt in der heutigen Zeit eine tiefgreifende Veränderung. Wie wir das äußere Gesicht Hedwigs nicht kennen und sie uns dafür ihr inneres Antlitz enthüllt hat, so wird sich die echte Hedwigs-Beziehung von der äußeren Örtlichkeit in das Innere des Menschen verlegen. Hedwig lebt fortan in den Herzen der Schlesier weiter, und das allein ist der ihr zukommende Platz, zumal sie selbst eine innerlich eingestellte Frau war.

Mit dieser Einstellung ist zugleich auch die Gefahr gebannt, die die Heiligenverehrung gern unwirksam macht. Oft werden die Heiligen von ferne betrachtet und als unerreichbare Gestalten bewertet. Dadurch wird ihre Erscheinung zu einem bloßen Unterhaltungsgegenstand erniedrigt. Man redet und diskutiert bereitwillig über sie, ohne sich durch sie im geringsten verpflichtet zu fühlen. Hedwig selbst würde eine derart unverbindliche Haltung ablehnen. Die ewigen Wahrheiten werden nur im Tun richtig erkannt; der Christ muß die Heiligen in sein Leben hineinnehmen und nur dann erfüllen sie ihre Sendung in seinem Dasein. Auch Hedwig darf nicht bloß als fromme Frau gesehen werden; man muß sie auf dem Hintergrund der heutigen Verwirrung anschauen, und dann beginnt sie plötzlich in ihrem Licht zu leuchten. Während den meisten Menschen der Schlüssel zum Leben abhanden gekommen ist, Hedwig besaß ihn, und sie vermochte die Tür zum neuen Dasein aufzuschließen. Ihr Wort erreicht heute noch unser Ohr, und eindringlich flüstert sie uns zu: Ihr seid viel mehr beschützt, als ihr nur ahnt.

NIKLAUS VON FLÜE

I

Der schweizerische Dichter Heinrich Federer hatte einen Zugang zu der Welt des Niklaus von Flüe; er verbrachte seine Jugendzeit in Sachseln, war ein priesterlicher Mensch und vermochte mit dichterischer Begabung der Schilderung den überzeitlichen Glanz zu verleihen. Leider blieb seine Bruder-Klausen-Biographie unvollendet: Sie verfolgt das Werden des Heiligen im weltlichen Leben und bricht dann am Wendepunkt unerwartet mit der Frage an den Leser ab: „Wird er es wagen, mit mir auch in den Ranft hinunterzusteigen?“ [1]

Mit dem letzten Satz formulierte Federer zum Abschluß noch das entscheidende Prolegomenaproblem. Er tat es in der Form einer Frage und nicht einer Diskussion, die gewöhnlich im uferlosen Gerede versinkt. Die neue Hagiographie zieht nicht den Heiligen in Zweifel, sie stellt zuletzt den Leser in Frage. Die neue Beschäftigung mit Niklaus von Flüe erschöpft sich nicht mehr in einer frommen Erbaulichkeit und will auch nichts wissen von einer bloßen Bestätigung der eigenen Weltanschauung. Auch die Methode der historisch-kritischen Untersuchung erhascht kaum das wahre Antlitz des Bruder Klaus. Trotz aller Gelehrsamkeit entspricht die wissenschaftliche Einstellung nicht dem Wesen des Einsiedlers. Wer mit dem Heiligen wieder in eine reale Berührung gelangen will, muß nach seiner christlichen Substanz fragen, muß innerlich an dem beteiligt sein, was ein altes Büchlein so schlicht „den Geist des seligen Bruders Klaus“ nannte. Es bedeutet immer ein Wagnis, sich mit Niklaus von Flüe einzulassen,

---

[1] Heinrich Federer, Niklaus von Flüe, 1928, S. 121.

es braucht eine Kühnheit und auch einen Mut, mit dem Mann unten im Ranft ein eingehendes Gespräch zu führen, denn nur zu leicht kann es geschehen, daß man eines seiner Worte nicht mehr los wird. Die Begegnung mit der bärtigen Gestalt grenzt an ein Glaubensabenteuer, wobei es nicht zum voraus feststeht, ob einer mit heiler Haut davonkommt. Ehrlicherweise muß man den Leser auf das Ungewöhnliche aufmerksam machen, damit er es sich überlege und nicht gedankenlos eine Sache beginne, der er innerlich nicht gewachsen ist. Auch hier ist es angebracht, die Worte Gideons zu wiederholen: „Wer blöde und verzagt ist, der kehre um!"

Federer fragte den Leser, ob er es „wage, mit ihm auch in den Ranft hinunterzusteigen". Es ist unmöglich, Niklaus von Flüe auf gleicher Ebene zu begegnen. Es geht nicht an, ruhig in seinem Lehnstuhl sitzen zu bleiben und in angenehmer Diskussion festzustellen: Hier hat Bruder Klaus richtig gehandelt, und bei jener Tat ging er zu weit. Der Mensch verschanzt sich hinter solchen selbstgefälligen Urteilen und weicht dadurch dem Einsiedler aus. Mag der Leser nun Niklaus von Flüe großartig oder übertrieben finden, dies kann er ruhig für sich behalten, denn niemand interessiert sich dafür. Vielmehr muß der Leser gemäß Federers Frage die bequeme Sitzgelegenheit verlassen, von der aus er sich so gern zum Richter über die Vergangenheit aufwirft, er muß sich entscheiden und in den Ranft hinuntersteigen. Dieses Hinabgehen bedeutet zunächst, die Demut erneut zu erlernen, heißt die Weltanschauung des aufgeklärten Bürgers wegzuschieben und sich vor einer andern Wirklichkeit zu verbeugen. Wer hierzu nicht bereit ist, der verzichte zum voraus auf ein Gespräch mit Bruder Klaus, es schaut dabei doch nichts Wertvolles heraus. Der Mensch muß hinuntersteigen, muß tief und tiefer hinabgehen, und trotzdem wird er nie auf den Grund des Heiligen kommen. Niklaus von Flüe befindet sich „unten", und nur ganz zuletzt enthüllt sich dieses Unten als das Oberste. In jener Klause im Ranft hat sich Entscheidendes ereignet: Die Ansprüche des gesunden Menschenverstandes wurden aus dem Sattel gehoben, und alle eingebildete Besserwisserei hörte auf. Der Besucher blickte in ein unheimliches Antlitz, vor dem er erschrocken zurückfuhr.

Es war notwendig, die Warnungstafel anzubringen, da Bruder Klaus gerne vom unterwaldnerischen Lokalpatriotismus umschäumt wird, der bei allem verständlichen Sentiment auf eine Verharmlosung und Verengung seiner Gestalt hinausläuft. Gewiß lebte er inmitten des „Obwaldnerländchens, dessen Dörfer und Weiler sich mit unvergleichlicher Lieblichkeit an den Sarnersee schmiegen“[2]. Aber der Klausner war trotz dem „prächtigen Bergkranz, der das Ländchen umringt“, alles andere als eine gemütliche Gestalt. Er darf nicht mit den Bestrebungen des Heimatschutzes vermengt werden. Im übrigen hat es wiederum Federer deutlich ausgesprochen, daß es trüge, „Obwalden als ein Land der reinen Sanftmut und aufgelösten Harmonie zu besingen. Es hat zwei Gesichter, das ruhige, besonnene, stillfrohe Tal- und Dorfgesicht, das der Fremdling meist allein sieht und wonach er urteilt, und das Melchaagesicht, das temperamentvolle, dramatische, tragische, das man nicht jedem auf der Straße feilbietet, sondern im Schatten des Filzhutes und in einer steifen, bäuerlichen Starrheit vor dem andern und sogar vor sich selbst verdeckt.“[3] Wenn der Dichter darauf drängt, das biedere Ländchen und seine Einwohner nicht zu einlinig aufzufassen, so gilt diese Mahnung in einem vertieften Ausmaße vom größten Obwaldner aller Zeiten. Bruder Klaus besaß das wilde Melchaagesicht und nicht das freundliche Dorfantlitz. Er war viel hinter- und abgründiger, als gemeinhin angenommen wird. Wie könnte es auch anders sein bei einem Manne, der unten im Ranft lebte und zu dem hinabzusteigen allezeit ein Wagnis ist.

II

Bruder Klaus gehört zu den Heiligen, die nichts Selbstgeschriebenes hinterlassen haben; trotzdem verliert sich sein Leben nicht im undurchsichtigen Dämmerschein. Erstaunlich viele urkundliche Zeugnisse sind von Zeitgenossen vorhanden. Diese Menge aufschlußreicher Überlieferungen erklärt sich wohl daraus, daß

[2] R. Küchler-Ming, Bruder Klaus, 1947, S. 7.
[3] Federer, a. a. O., S. 11.

das noch glaubenwollende Volk nach einem Vorbild suchte, das ihm anschaulich zeigen sollte, wie man ein Leben im Glauben wirklich führt. Allerdings sind diese Überlieferungen oft fragmentarischen Charakters, einmal reißen sie sogar mitten in einem Satz ab. Man hat diese Zeugnisse mehrfach gesammelt, am umfassendsten hat dies Robert Durrer in seinem zweibändigen Quellenwerk „Bruder Klaus" (1917–1921) getan. Durch diese Sammlung ist die gesamte frühere Bruder-Klaus-Literatur – auch das vierbändige Werk von J. Ming – überholt, zumal Durrer sich vorgenommen hat, nur die Quellen sprechen zu lassen und selbst zu schweigen. Der komplizierte, von leiser Tragik überschattete Forscher vereinigte in sich ein künstlerisches Naturell mit einer starken Wissenschaftsgläubigkeit, weshalb seine persönliche Deutung mehr der politischen als der religiösen Seite von Bruder Klaus gerecht wurde. Aber auch er stand einmal sinnend vor der Ranftzelle und meinte: „Ich wüßte ihn viel zu fragen."[4] Wenn man von Durrers gründlichem Quellenwerk die einzelnen Aussagen zusammenfügt, so ergibt sich ein überaus lebendiges und anschauliches Ganzes von geschlossener Einheitlichkeit und seltener Strahlungskraft.

In den Überlieferungen über Bruder Klaus vermischen sich geschichtliche und legendäre Züge miteinander. Im vergangenen Jahrhundert haben Historiker versucht, die beiden Gebiete sorgfältig voneinander zu trennen. Die Unterscheidung von Geschichte und Legende öffnet aber gewöhnlich einer subjektiven Willkür Tür und Tor. Trennt man bei einer Heiligengestalt die geschichtlich annehmbaren von den legendär unzuverlässigen Nachrichten, zerreißt man ungehörig die innere Einheit der Gestalt. Nach Durrers kritischer Einstellung fließen bei Bruder Klaus „Die Begriffe Legende und Geschichte schon in den zeitgenössischen Aufzeichnungen ineinander über. Nicht das Alter und die Unmittelbarkeit der Quelle, aber auch ebenso wenig der nähere Wohnort des Chronisten bilden hier das Kriterium des Historischen. Wir werden in dieser Sammlung zeitlich und räumlich entfernte Quellen finden, die unverkennbar echte Züge

[4] Jakob Wirsch, Robert Durrer, 1952, S. 181.

bringen, welche die näherstehenden Berichterstatter aus bestimmten Gründen verschweigen mußten oder der Erwähnung nicht wert fanden. Wir werden überraschende Beweise für die zuverlässige Treue langer, mündlicher Volksüberlieferung konstatieren können. Andererseits tragen schon die ältesten eigentlichen Biographen fast ausschließlich hagiographischen Tendenzcharakter: Sie zielen nur auf das Übernatürliche und übergehen die wichtige patriotische und politische Wirksamkeit des Einsiedlers beinahe vollständig."[5] Nah und fern sind für die Hagiographie keine maßgebenden Normen, und es ist an der Zeit, die Angst vor dem angeblich Legendären zu verlieren, eine Furcht, die in der rationalistischen Denkweise und nicht im Stoff begründet ist. Gewiß hat das Legendäre eine Neigung zur stilisierenden Darstellung, während uns die antithetische und sich kontrapunktisch entfaltende Lebensbeschreibung aufgegeben ist. Die transrationale Wirklichkeit des Christlichen setzt sich aber immer aus Geschichte und Legende zusammen. Will eine hagiographische Darstellung nicht ein Haus ohne Treppe sein, dann muß man sich bewußt von jeder nur eindimensionalen Erfassung lösen, muß eingedenk bleiben, daß die Beschreibung eines Heiligen das Geschichtliche in die Transzendenz zu heben hat, damit sie ihren tieferen Sinn erfülle.

Die geschichtsphilosophischen Überlegungen der neuen Hagiographie deuten wieder auf die Absichten des ersten Biographen von Bruder Klaus hin. Nach ihm ist das Leben von Niklaus von Flüe „zum Lesen und Singen" bestimmt. Diese Bezeichnung ist ungewohnt und trifft trotzdem mitten ins Schwarze. Das Dasein des Einsiedlers brach denn auch so sehr aus der Alltäglichkeit heraus, daß man von ihm nicht im gewöhnlichen Ton reden kann. Eine höhere Stimmlage ist angebracht, denn die Hagiographie drängt wieder zu einem ganz verhaltenen Singen. Das Bedürfnis, über Bruder Klaus zu singen, geht aus einem legitimen Verlangen nach Verehrung hervor. Wohl gehört dazu, daß man das Leben des Bruders Klaus zunächst durch eine bereitwillige Lektüre in sich aufnehme, die letzte Bestimmung seiner Vita aber

---

[5] R. Durrer, Bruder Klaus, 1917–1921, S. VIII.

ist auf einen sonoren Gesang gerichtet, der als ein getragener Baß unter dem Jubel der hellen Sopranpartie in der Heiligengeschichte um so ergreifender wirkt

III

Niklaus von Flüe (1417–1487) lebte fünfzig Jahre lang in der Welt und hernach noch zwanzig Jahre im Ranft. In der vorranftlichen Zeit zeichnet sich bereits jene Richtung ab, die später eine mächtige Steigerung erfuhr.

Niklaus, der sich im heute noch erhaltenen Geburtshaus in eine kleine, eng begrenzte, bäuerliche Welt hineingestellt sah, übernahm ohne weiteres den Beruf seiner Vorfahren. Die landwirtschaftliche Arbeit war ihm von Jugend an vertraut, er führte sie als die ihm aufgetragene Tätigkeit aus, sie war Gegebenheit und nicht Problem. Die Verhältnisse waren denkbar einfach, aber keineswegs ärmlich: im Schweiße des Angesichts arbeitete die Familie und mit Wenigem war sie zufrieden. Niklaus war anspruchslos, er mähte die Wiesen, fütterte das Vieh und bestellte die Äcker. Der Heilige war ein kerniger Bauer, schwerblütig und zähflüssig, bedacht und nüchtern. Mit beiden Füßen stand er auf der Erde, er war mit der Scholle verbunden und verkörperte eine bewußte Bodenständigkeit. Bodentreue ist immer Verwurzelung und ist das Gegenteil von Spreu, die vom Winde verweht wird.

Einzelheiten aus Niklausens Frühzeit fehlen außer der Nachricht, er habe sich gerne frommen Übungen hingegeben. Die Altersgenossen bezeugten dies nach seinem Tode ausdrücklich. Schon dem sechzehnjährigen Bauernjungen widerfuhren Gesichte, in denen „er einen hohen hübschen Turm an der Stätte sah, wo jetzt sein Häuslein und seine Kapelle stehen. Deshalb sei er von Jugend auf stets willens gewesen, die Einsamkeit zu suchen, wie er auch getan.“[6] Es wäre verfehlt, die blitzartige Erleuchtung bereits zu einer prophetischen „Berufungsvision“ auszubauen, weil dann Bruder Klaus über dreißig jahre lang dem göttlichen Befehl nicht gehorcht hätte[7]. Bei aller religiösen

---

[6] Ebd., S. 464. [7] F. Blanke, Bruder Klaus von Flüe, 1948, S. 6/7.

Veranlagung war der urwüchsige Obwaldner wiederum von einer natürlichen Sinnenfreude erfüllt, mochte ihn auch zuweilen eine leise Wehmut befallen, mochten Diesseits und Jenseits, Erdenschwere und Ewigkeitssehnsucht sich in ihm zunächst streiten. Nur eine realistische Schilderung und nicht etwa eine idealistische Verklärung wird dem „in unendliche Zeitlosigkeiten mit urweltlichen Bildern“ [8] schauenden Niklaus von Flüe gerecht, ihm, der ein angebundenes und doch freies Bauerndasein gelebt hat.

In den Zwanzigerjahren vermählte sich Niklaus mit Dorothea Wiss. Über sein jugendliches Liebesleben ist nichts Näheres bekannt; es wird sich in ähnlichen Bahnen vollzogen haben wie bei allen aufblühenden Menschen, die ihre Lebensgefährtin suchen und finden. Niklausens Ehefrau trat mit vornehmer Bescheidenheit hinter ihrem Gatten zurück, nie war sie vom eitlen Drang erfüllt, sich an seiner Seite zur Geltung zu bringen. Nur ein einziger Besucher ihres berühmten Mannes schildert die „säuberliche Frau mit einem frischen Angesicht, noch ohne Runzeln“ [9]. Die Ehe war mit fünf Knaben und fünf Mädchen gesegnet, die alle das Wohnhaus im Flüeli bevölkerten. Das Familienleben spielte sich wie in allen obwaldnerischen Bauernhäusern ab. Kinderlachen, Kindergeschrei, Ermahnung und Zucht, Ehrfurcht vor den Eltern, regelmäßiger Kirchgang, Mithilfe bei der Arbeit und Verkehr mit den Nachbarn.

Niklaus von Flüe ging nicht nur seiner bäuerlichen Arbeit nach, er hatte auch Bürgerpflichten in der heimatlichen Gemeinde zu erfüllen. Man wählte ihn zum Richter, zum Mitglied des Rates, und einmal vertrat er auch den Stand Obwalden an der eidgenössischen Tagsatzung. Diese behördlichen Funktionen gehören zum Bild des Bruder Klaus. Der schlichte Bauersmann war vom Sinn für Recht und Gerechtigkeit erfüllt. Er scheute sich auch nicht, im Namen der Gemeinde als Wortführer in einem Prozeß gegen den eigenen Pfarrherrn aufzutreten, um ihm nicht weiter den nassen Zehnten geben zu müssen – ein be-

[8] Federer, a.a.O., S. 20.
[9] Durrer, a.a.O., S. 60.

redtes Zeugnis für seine geistige Unabhängigkeit. Federer hat die weltliche Wirksamkeit Niklausens ausführlich und eindrucksvoll geschildert. Sie ist durch Geradheit, Unbestechlichkeit und Rechtschaffenheit gekennzeichnet, denn Niklaus hat sich weder von hohen Namen noch von Titeln imponieren lassen, eine Einstellung, der man immer wieder bei ganz einfachen Männern aus dem Volk begegnet. Niklaus von Flüe war frei von allem Ehrgeiz und allen Machtgelüsten, die sich nur allzu leicht in die politische Tätigkeit einschleichen und sie von Grund aus vergiften. Seine Freiheit von aller Geltungssucht bezeugte er auch in der Ablehnung des Landammannamtes, der obersten Würde seines Landes. Von seinem Jahrhundert als der guten alten Zeit zu reden, in der die Menschen noch wirklich gottesfürchtig lebten, ist eine beliebte Schönfärberei, die der Wirklichkeit nicht entspricht. Auch damals war die Zeit bedroht, waren die Leute in Gefahr, den Versuchungen des Geldes und der Liederlichkeit zu erliegen. Großmannssucht und Windbeutelei gab es wie überall. Böse Affären waren an der Tagesordnung, und es geschahen schlimme, sehr schlimme Dinge in diesem biederen Ländchen. Habsucht und Eigennutz in allernächster Nähe veranlaßten Niklaus von Flüe, das Richteramt niederzulegen. Trotz aller Bitten war er nicht dazu zu bewegen, auf seinen Entschluß zurückzukommen. „Mit Ekel erfüllt vor den weltlichen Geschäften", wandte er sich nach Petrus Numagens Aussagen davon ab.

Außer der behördlichen Amtstätigkeit hat Niklaus von Flüe auch Soldatendienst geleistet. Er ist mehr als einmal mit den obwaldnerischen Truppen ausgezogen, ist im Feld gestanden und hat als Fähnrich, Rottmeister und Hauptmann seinen Dienst getan. Obwohl keine zeitgenössischen Berichte von Niklausens Kriegserlebnissen erzählen, weiß man trotzdem, daß er sich in seiner militärischen Pflichterfüllung wesentlich von seinen Landsleuten unterschieden hat. Während die alten Eidgenossen oft gewalttätige Raufbolde waren, richtige Haudegen, denen ein soldatischer Raubzug in fremde Gegenden willkommene Gelegenheit gab, ihre körperliche Überlegenheit zu zeigen und Beute einzuheimsen, ist bei Bruder Klaus von einer derart primitiven Kraftmeierei nichts wahrzunehmen. Die ältesten Zeugen berichten übereinstimmend seine andersartige Einstellung. Er „habe stets die Billigkeit liebgehabt, das Unrecht gestraft und in Kriegen seine Feinde wenig beschädigt, sondern sei allerwege nebenaus verzogen, gebetet und sie nach Vermögen beschirmt“[10]. Deutlich sichtbar ist in diesem Verhalten die Verbindungslinie von Niklausens weltlichem Leben zu seinem späteren Dasein im Ranft. Nach Wölflins Lebensbeschreibung „nahm Niklaus nie ohne auf obrigkeitlichen Befehl an Kriegen teil. Er war der größte Freund des Friedens, doch wo es fürs Vaterland zu streiten galt, wollte er nicht, daß die Feinde wegen seiner Untätigkeit unverschämt großtun könnten; sobald deren Kräfte aber zusammengebrochen und überwunden waren, mahnte er nachdrücklich zur Schonung.“[11]

Dies ist keine nachträgliche Verbesserung am Bild des Bruder Klaus, sondern historische Wirklichkeit, die offenbar seinen Landsleuten gar nicht ins Konzept gepaßt hat. Gewinnt man doch öfters den Eindruck, „daß der seltsame Kriegsmann, der im Kriege lieber betete statt dreinzuschlagen, seinen Biographen auch heute noch ärgerlich ist“[12]. Zum Prototypen für eine Wehrmännertagung eignet er sich tatsächlich schlecht. Tiefer gesehen aber leuchtet hier erstmals sein außerordentliches Licht auf. An sich ist es verwirrend, Niklausens Verhalten mit der modernen Frage zu konfrontieren: „War er ein Antimilitarist oder nicht?“ Das Problem des Pazifismus im neuzeitlichen Sinn lag noch außerhalb seines Gesichtskreises. Er aber gehörte zu den wenigen Christen, die die unlösbare Spannung zwischen Evangelium und Krieg fühlten. Jeder Nachfolger Christi müßte sie bis zum Zerreißen spüren, sofern er sie nicht mit einem völlig unkritischen Patriotismus zudeckt, der nur den nationalen Gefühlen schmeichelt. Befremdend war nicht nur Bruder Klausens Haltung, sondern vielmehr die Seltenheit, mit der sich das christliche Gewissen in dieser Frage offenbarte. Der Heilige besaß auch hierin eine Klarheit und eine Richtung. Niklaus hat seine lebendige Gottesbeziehung bewiesen, indem er in aller kriegerischen Stimmung nie das Gebot der Feindesliebe vergessen, und

[10] Ebd., S. 464. [11] Ebd., S. 533. [12] Blanke, a. a. O., S. 73.

auch in keiner Stunde seines Lebens sich zu den fragwürdigen Naturen gesellt hat, die plötzlich auch anders denken können, wenn ein Krieg zu ihrem Vorteil auszufallen scheint. Bruder Klaus war „der größte Freund des Friedens“, er war es prinzipiell und ohne Schwankung. Ohne diese vorbildliche Haltung und ohne diese Reinheit der Gesinnung hätte er niemals später der Friedensheilige werden können, zu dem sich gerade in unserer friedlosen Gegenwart so viele Menschen hingezogen fühlen.

IV

Wenn immer ein Mensch das endliche Dasein mit letztem Ernst bis zu den Grenzen durchschreitet, führt es ihn schließlich unweigerlich über sich hinaus. Der Einbruch des Übernatürlichen in der Form von Visionen erfolgte in Niklausens Leben inmitten der prosaischen Alltäglichkeit und gab seinem Leben eine unerwartete Wendung.

Ganz ungewöhnlicher Art waren die vorgeburtlichen Visionen, von denen Bruder Klaus selbst gesprochen hat. Heimann am Grund berichtet, „wie Bruder Klaus ihm gesagt, daß er im Mutterleib, ehe er geboren war, einen Stern am Himmel gesehen habe, der die ganze Welt durchschien, und seit er im Ranft wohne, habe er stetsfort einen Stern am Himmel gesehen, der ihm gleich wäre, so daß er sicher glaube, er möchte es sein“ [13]. Der tiefreligiöse Priester berichtet noch von anderen vorgeburtlichen Visionen, von Ereignissen, bei denen einem von der Vernunft allein sich leitenlassenden Menschen der Atem stockt. Mit der Bemerkung „ein hohes Selbstbewußtsein“ sind diese vorgeburtlichen Visionen wahrhaftig nicht erklärt. Eine rationale Beurteilung dieses Phänomens ist nicht möglich. Sie gehören einer Sphäre an, in der das östliche Denken präexistente Seelenprobleme und Inkarnationsfragen sichtet und erwägt. Die vorgeburtlichen Visionen führen an die Grenze, wo menschliches Verstehen aufhört.

In seinem weltlichen Leben widerfuhren Niklaus mannigfache

[13] Durrer, a.a.O., S. 465.

Visionen, nicht solche seliger Entrückungszustände, in denen er unaussprechliche Worte hörte, sondern erschreckende Kundgebungen Gottes, Mahnungen, die ihm den Weg zeigten. Von der Turmvision im jugendlichen Alter war bereits die Rede. Im Mannesalter sah Niklaus, wie eine Lilie aus seinem Mund herauswuchs und ein vorübergehendes Pferd sie wegfraß.[14] Der erdverbundene Bauer deutete die bestürzende Vision durchaus richtig: Etwas Reines und Wunderbares von Gott wachse in ihm, das jedoch durch äußere Umstände schwer bedroht sei. Begreiflicherweise beunruhigte er sich innerlich sehr, zumal da nach der Aussage seines Sohnes Walter einst „eine Wolke vom Himmel kam, die redete mit ihm und sprach, er solle sich ergeben in den Willen Gottes, er sei ein törichter Mann, und was Gott mit ihm wirken wolle, darin soll er willig sein".[15] Offensichtlich wurden die Gesichte immer unheimlicher; nach der aus dem Munde herausgewachsenen Lilie beginnt die Stimme aus den Wolken direkt zu ihm zu reden, nicht etwa lieblich und tröstend, sie nennt ihn geradeheraus einen törichten Mann. Niklaus fühlte sich innerlich gedrängt, gerufen, aber er zögerte noch, und die Angst hemmte ihn, weil er sich über die nächsten Schritte nicht klar war. Das Visionäre nahm nun eine bedrohliche Gestalt an.

Ein anderes Mal sah Niklaus, wie „der Pilatusberg in den Erdboden versank, und offen lag die ganze Welt, so daß alle Sünder in der Welt sichtbar wurden. Und es erschien eine große Menge Menschen, und hinter den Menschen stand die Wahrheit, denn alle hatten ihr Angesicht von der Wahrheit abgewandt. Und es trat an allen ein großes Gebrest am Herzen zutage, so groß wie zwei Fäuste zusammen. Und dieses Gebresten war der Eigennutz, der verführte die Leute so sehr, daß sie des Mannes Angesicht nicht zu ertragen vermochten, sowenig der Mensch Feuerflammen ertragen mag, und vor grimmiger Angst fuhren sie umher und fuhren zurück, fort mit großem Schimpf und Schande, so daß er sie von weitem hinfahren sah. Und die Wahrheit, die hinter ihrem Rücken erschien, die blieb da."[16] Mit die-

[14] Ebd., S. 535.
[15] Ebd., S. 469.
[16] A. Stöckli, Die Visionen des seligen Bruder Klaus, 1933, S. 16.

sen etwas unbeholfenen Worten schildert Bruder Klaus seine Vision, aber man spürt durch alle Schwerfälligkeit hindurch die innere Erschütterung. Schon das Versinken des mächtigen Pilatusberges weckte in ihm Grauen und bereitete ihn auf Schweres und Schwerstes vor. Wie schrecklich, daß die Wahrheit hinter und nicht vor den Menschen stand und wie sie sich alle von ihr abwandten. Nicht erst in der gottlosen Neuzeit, sondern bereits in dem noch religiös ausgerichteten Spätmittelalter hatten sich nach Bruder Klausens Vision die Menschen von der Wahrheit abgekehrt. Es gab nicht einzelne Abtrünnige, sie alle, alle hatten sich von der Wahrheit abgewandt! Vom Eigennutz waren sie erfüllt und vermochten deshalb die Feuerflamme der Wahrheit nicht mehr zu ertragen. Wer solche unheimliche, erschreckende Gesichte sieht, der kann bald nicht mehr ruhig hinter dem Pflug einherschreiten. Sie haben Niklaus auch stark aufgewühlt, denn fortan sah er die Dinge in der Perspektive des Ewigen.

Visionen begleiteten Bruder Klaus durch sein ganzes Leben hindurch, bedrängten ihn an entscheidenden Wendepunkten und bestimmten seine Wege. Der Heilige hat sie nicht nur in seiner weltlichen Zeit erfahren, wenn sie ihn damals auch am stärksten heimsuchten, im Ranft wurden sie ihm ebenfalls zuteil. Bruder Klaus war ein Visionär, und das ist bereits eine Wahrnehmung, bei der es dem bürgerlichen Menschen ungemütlich zu werden beginnt und er sich hilflos nach einer beruhigenden Erklärung umzuschauen beginnt. Visionen ordnen sich nicht dem gesunden Menschenverstand ein, sie durchbrechen die gewöhnliche Vorstellungswelt, denn in ihnen blitzt eine unbekannte, den Menschen überwältigende Wirklichkeit auf. Die Visionen des Bruders Klaus sind um so merkwürdiger, als sie einen Menschen überfielen, der den Misthaufen schichtete und zehn Kinder auf die Welt gestellt hatte. Der Bauer ist seinem Wesen nach eine mit der Erde verbundene Gestalt, er ist in seinen Überlegungen nüchtern und hat es mit der Realität zu tun. Sich mit Phantasievorstellungen abzugeben, ist seine Sache. Es muß sich schon einiges über den Tagesablauf Hinausgehende ereignet haben, bis seine Augen Dinge schauten, die die andern Menschen nicht sahen. Die oberen Mächte waren in sein Dasein eingebrochen, so real, so heftig und unerwartet, daß an ihrer Existenz nicht zu zweifeln war. Mit den Visionen wurde Niklaus von Flüe über das Faßbare hinausgeführt, sie stellten ihn vor eine neue, unbekannte Wirklichkeit.

Die Bedeutung der Visionen für das Leben von Bruder Klaus ist heute allgemein anerkannt. Vorbei ist die zeitgeschichtlich bedingte Auffassung. Sogar die Tiefenpsychologie hat sich ihrer bemächtigt, hat in ihnen „den Stempel unkonventioneller Echtheit“ aufgedrückt gesehen, in ihnen auch vorchristliche und germanische Motive wahrgenommen und schließlich den unvermeidlichen Archetypus gefunden [17]. Nur diese kleinen Steinchen bleiben im tiefenpsychologischen Sieb zurück, doch kann für diese Armseligkeit nicht Bruder Klaus verantwortlich gemacht werden. Eine ernsthafte Deutung hat vor allem zu unterscheiden, wie Bruder Klaus sich selbst in seinen Visionen verstanden hat und wie seine Verehrer sie interpretierten. Die Visionen bekunden eindeutig, daß er in seinem Leben durch Gesichte geführt wurde, die sein Dasein in der Tiefe erschütterten, das Alltägliche wegschoben und den denkbar stärksten Anteil an seiner Entwicklung hatten. Ohne sie wäre Niklaus nicht zum Durchbruch gekommen und nicht über sich selbst hinausgeführt worden. Ihre Symbole, Gleichnisse und Bilder kreisen „um den Ruf und die Mahnung zur völligen Weltabkehr, um die Härte des Kampfes gegen die Weltanhänglichkeit. Aber sie künden auch das Glück des Gegengeschenkes, das Gott seinen Weltentsagern bereithält.“ [18] Die Visionen schreckten Niklaus auf, sie ließen ihn nicht im Einerlei des Alltags untergehen. Wie eine echte Vision entsteht, kann so wenig erklärt werden, wie das Gebet rational auszudeuten ist. Sie sind zuckende Blitze Gottes, sind himmlisches Wetterleuchten und sind Kanäle, durch die das Licht von oben in das Dunkel hienieden fließt. Visionen sind von Gott gewirkte Erscheinungen, ihrem überwirklichen Realismus kann der Mensch nur Glauben oder Unglauben entgegenbringen. Der Allmächtige bedient sich ihrer erschreckenden Gewalt, um sei-

---

[17] M.L. von Franz, Die Visionen des Nikolaus von Flüe, 1960, S.7/8.
[18] P.Dörfler, Niklaus von Flüe, 1962, S.73.

nen Werkzeugen die notwendigen Erleuchtungen zu schenken. Bruder Klaus verhielt sich ihrem Licht gegenüber geöffnet, er gehörte zu den Menschen, die mit dem Pathos des Paulus von sich selbst bekennen durften: „Daher, o König Agrippa, war ich der himmlischen Erscheinung nicht ungläubig.“

V

Den Lichtstrahlen der Visionen stehen die dunklen Anfechtungen des Bösen gegenüber. Im Leben Niklaus von Flües kamen Teufelsbegegnungen vor, und es geht nicht an, sie, aus feiger Furcht vor dem Gelächter des heutigen Menschen, schamhaft zu verschweigen. Der moderne Dünkel über diesen angeblichen Aberglauben hat wahrhaftig nicht viel zu bedeuten. Die Aussagen der Zeitgenossen über dieses Thema können unmöglich überhört werden: „Bruder Klaus habe oft gesagt, wie ihm der Teufel täglich viel zu Leid täte, ihn aber Unsere Liebe Frau immer tröste.“[19] Die Begegnungen nahmen manchmal überaus massive Formen an, so daß es ganz unmöglich ist, die Geschehnisse sinnbildlich statt real zu verstehen. Sein eigener Sohn erzählt, daß er „mit seinem Vater ins Melchtal in der Bergmatt gegangen sei, und als er damals das Vieh besorgte, wollte sein Vater die Dornen aushauen und die Wiese davon säubern; indessen sei der Teufel gekommen und habe seinen Vater durch ein großes Dorngestrüpp einen Rain hinabgeworfen, wohl dreißig Schritt weit, solchermaßen, daß er die Besinnung verlor und nichts mehr von sich wußte, und als er dazugekommen, richtete er seinen Vater auf und trug ihn also besinnungslos in die Alphütte zum Feuer, und als er daselbst nach langer Zeit wieder zu sich gekommen, war er sehr geduldig, obgleich er sich übel zugerichtet befand, und sagte nichts anderes, als daß er sprach: Nun, wohlan, in Gottes Namen; wie hat mich der Teufel aber so recht übel behandelt, doch so will es vielleicht Gott zugelassen haben.“[20] Es liegt nicht in Bruder Klausens Sinn, den Sturz über den Rain als bloßen Unglücksfall zu erklären. Der Bauer war

[19] Durrer, a. a. O., S. 463.
[20] Ebd., S. 469.

mit dem Teufel handgreiflich geworden, und seine Äußerung nach dem Erwachen aus der Betäubung gemahnt durchaus an das Buch Hiob: „Der Teufel kann dem Menschen auch nur so viel schaden, als Gott ihm gestattet."

Keineswegs erlebte Bruder Klaus diese Teufelsangriffe nur in seiner weltlichen Zeit. Deswegen dürfen sie auch nicht mit psychischen Schwermutsanwandlungen verwechselt werden. Wölflin berichtet in seiner Biographie ausführlich, der Teufel habe Niklaus auch in seiner Klausnerzeit viel zu schaffen gemacht. „Bruder Klaus konnte aber bei all diesem strengen Leben den Nachstellungen des Teufels nicht entgehen, der Böse Feind plagte den Gottesfreund unermüdlich durch Beleidigungen und Verleumdungen. Oft drang er mit solchem stürmischen Angriff auf das Häuschen ein, daß dem Gebäude der sofortige Einsturz drohte. Zuweilen betrat er auch in schrecklicher Gestalt das Gemach, ergriff ihn bei den Haaren und zog ihn trotz seines Widerstandes zur Tür hinaus. Da er aber sah, daß dieser durch solche unnütze Beleidigungen nicht im geringsten erschüttert wurde, begann er schlauer vorzugehen und nahm die, so viel er es konnte, elegante Gestalt eines reichgekleideten Edelmannes auf hohem Rosse an und versuchte ihn mit folgenden Überredungsworten: Es sei für ihn völlig unnütz, außerhalb der menschlichen Gesellschaft ein so einsames und viel zu streng begonnenes Leben zu führen, denn dadurch könnte er nicht in die Herrlichkeiten des Paradieses gelangen; wenn er mit ganzer Sehnsucht darnach verlange, so sei es nütze, sich den Sitten der übrigen Menschen anzupassen. Er aber erkannte die Listen des Unflates und befreite sich mit Beistand des allmächtigen Gottes und der unbefleckten Gebärerin sofort von jeder Gefahr."[21] Nach den zuletzt erwähnten Worten war der Teufel bei Bruder Klaus keine schwarze Person mit Hörnern, Schwanz und Bocksfüßen, im Gegenteil, als reichgekleideter Edelmann besuchte er ihn – wer müßte dabei nicht an den „elegant gekleideten Gentleman" denken, der nach Dostojewskijs Schilderung Iwan Karamasow in seinen Fieberphantasien besuchte! Es bedurfte aber des erleuch-

[21] Ebd., S. 546.

teten Auges des Einsiedlers, ihn unter dieser Verkleidung zu erkennen. Die Gestalt des Versuchers erscheint auch in Diebold Schillings Chronik, in der die Ranftklause mit einem häßlichen Teufel dargestellt ist, der den Waldbruder zur Rede stellt.

Es käme einer Ausflucht gleich, in diesen Überlieferungen lediglich das Produkt der mittelalterlichen Volksphantasie zu sehen. Der rationalistisch eingestellte Mensch hascht geradezu nach dieser Lösung des Problems, weil sie seiner Kurzsichtigkeit entgegenkommt. Doch ist sie ein beschämender Gemeinplatz, der das Geschehen im Ranft unten in eine lächerliche Harmlosigkeit umdeutet, die nichts, aber auch gar nichts ahnt von den dämonischen Dingen, die sich hinter den Kulissen des Lebens abspielen. Auch von andern Heiligen wird Ähnliches berichtet. Nach Paulus haben wir nicht mit Fleisch und Blut zu kämpfen, sondern mit unsichtbaren Mächten und Gewalten. Selbst Antonius von Ägypten, der Vater des Eremitentums, hatte unheimliche Dämonenkämpfe zu bestehen, die in Grünewalds Isenheimer Altarbild ihren Niederschlag gefunden haben. Die kämpferischen Auseinandersetzungen zwischen Heiligen und Teufel lassen sich bis zum Pfarrer von Ars verfolgen. Nur ein Mensch, der weder dem Glauben noch der Gottlosigkeit zugetan ist, erfährt in seiner gähnenden Gleichgültigkeit nichts mehr davon.

Der Himmel bewahre uns davor, angesichts dieser Überlieferung die Sprache des gesunden Menschenverstandes zu sprechen, denn sie ist eine kleine Antwort auf eine große Frage. Die aufgeklärte Vernunft begreift nicht das geringste von diesem nächtlichen Geschehen, sie ist aller transrationalen Wirklichkeit gegenüber blind. Der Teufel findet sich nach Bernanos in scheinbar harmloser Gestalt im nichtssagenden Geschwätz unserer Bücher, in den erfindungsreichen Verfeinerungen des modernen Lebens, in den verführerisch schönen Roben, er ist freundlich lächelnd in all diesen und ähnlichen Formationen des Daseins – und der Mensch merkt ihn gar nicht mehr. Will er des Teufels unverstelltes Gesicht wahrnehmen, muß er über alle Belanglosigkeiten hinaus dem Ewigen entgegenschreiten, und erst dann wird er die Entsetzen erregende reale Unrealität des Teufels spüren, über deren Wahrnehmung er nur zu leicht das Bewußtsein verliert.

Das Geheimnis der Bosheit übersteigt das menschliche Denkvermögen, es durchschneidet vertikal unsere horizontale Betrachtungsweise, und der Christ kann nur immer wieder beten: „Erlöse uns von dem Bösen.“ Wo immer der Mensch der oberen Welt entgegenstrebt, stellt sich ihm der Versucher entgegen, es kommt zu einem leidenschaftlichen Ringen zwischen Licht und Finsternis, das mit einer noch nicht überwundenen dualistischen Weltanschauung in Verbindung zu bringen ein peinliches Mißverständnis ist. Nimmt aber einer Bruder Klausens Teufelskämpfe ernst, dann bedeutet das Hinabsteigen in den Ranft ein Wagnis. In eigener Gefährdung tut der Mensch einen Blick in den tiefsten Abgrund hinab, dorthin, wo ihm das Antlitz des Bösen entgegenschaut, das kein Antlitz mehr ist und das doch den grauenhaften Mißklang in die Welt hineingebracht hat, der nie zu erklären und nie zu verstehen ist.

VI

Klagend wurde schon festgestellt, es gebe leider von Niklaus weder Briefe noch Tagebücher, und man wisse deshalb nichts Genaues über seine seelische Entwicklung. Allein, die alten Quellen deuten seine innere Geschichte durchaus an, wenn auch eine bloß religionspsychologische Interpretation ihr nicht gerecht zu werden vermag. Bruder Klaus war schon früh von einem ernsten, religiösen Streben erfüllt. Er hielt das Fasten weit über das von der Kirche gebotene Maß hinaus, und oft stand er nachts, wenn alle Hausbewohner schliefen, auf und betete allein in der Stube. Niklaus war nicht melancholisch veranlagt, mochte sein Gemüt auch nicht zum Lachen und Scherzen aufgelegt sein. Daraus den Schluß zu ziehen, „Klaus von Flüe fällt in Schwermut“, ist irrig, denn mit diesem schweren Gemütsleiden hatte Bruder Klaus nichts zu tun. Wohl aber bewirkten die aufschreckenden Visionen und Teufelsbegegnungen eine steigende religiöse Unruhe in ihm. Der Kleinkram des Alltags wurde ihm gleichgültig, die Abwechslungsbedürfnisse des Menschen muteten ihn öde an, und das gewöhnliche Sonntagschristentum befriedigte ihn nicht mehr. Mit all dem konnte er nichts mehr anfangen; er hatte Anfechtungen zu bestehen, die ihm das Herz schwer machten und ihn zum inneren Stöhnen brachten. Er selbst hat später einmal einem Predigermönch geklagt: „Als es nämlich Gott gefiel, um mich zurückzurufen, seine Barmherzigkeit gegen mich vollzumachen, wandte er die reinigende Feile und den antreibenden Sporn an, d.h. eine schwere Versuchung, so daß er weder tags noch nachts duldete, daß ich ruhig war, sondern ich war so tief niedergedrückt, daß mir selbst die liebe Frau und die Gesellschaft der Kinder lästig ward.“[22] Niklaus von Flüe trieb offenbar einer Lebenskrise entgegen. Infolge der inneren Bedrängnisse brachte er es nicht mehr fertig, seiner täglichen Arbeit nachzugehen. Angesichts der Visionen versank sogar die sonst angenehme Gegenwart von Weib und Kindern. Die höhere Unruhe kam über ihn, jene Unruhe, die, fern von allen pathologischen Depressionszuständen, kaum in einem Leben fehlt, dem der Anruf von oben widerfahren ist. Bruder Klaus hat die Beunruhigung durchaus richtig als eine „reinigende Feile“ des Allmächtigen verstanden, und ohne diesen „antreibenden Sporn“ hat noch kein Mensch den schmalen Pfad beschritten.

In seiner seelischen Kümmernis vertraute sich Niklaus dem Pfarrer Heimann am Grund in Kriens an und bat ihn um seelsorgerlichen Rat. Der ungewöhnliche Priester, mit dem Bruder Klaus zeitlebens in Verbindung geblieben ist, und über den wir leider nichts Näheres wissen, führte ihn in die Passionsmystik ein, die dem Bauer bis dahin unbekannt war. Der Seelsorger leitete ihn an, das Leiden Jesu Christi in den sieben kanonischen Stunden zu betrachten. Für Bruder Klaus war die Einführung in die Leidensmystik eine wahre Entdeckung. Sie bedeutete ihm eine innere Erfassung des Evangeliums und nicht bloß äußeren Zeremoniendienst, sie kam seinem Heilsbedürfnis entgegen, und er beobachtete die Übung fortan genau. Die intensive und regelmäßige Passionsbetrachtung lenkte Niklaus auf den Weg der Mystik; diese Einkehr in die Seele hat viel zu seinem religiösen Wachstum beigetragen und hat sich noch immer als eine Vertiefung und Verinnerlichung des christlichen Glaubens erwiesen.

---

22 Ebd., S. 39.

Freilich war Bruder Klaus erst am Anfang des mystischen Weges, aber er hatte seine Füße auf diesen Pfad gesetzt und ist bedächtigen Schrittes tiefer und tiefer in das innere Reich hineingewandert.

Wahrscheinlich war Heimann am Grund nicht der einzige Mensch, der Niklaus seelsorgerlich beistand. Durrer sprach die Vermutung aus, „sein Wegweiser war vielleicht ein frommer Einsiedler in Wolfenschießen, dem Wohnort seiner mütterlichen Großeltern. Bruder Matthias Hattinger gehörte zur Mystikergemeinde im Kloster Engelberg, die über ein halbes Jahrhundert in enger Verbindung und Gebetsbruderschaft mit der Straßburger Zentrale der Gottesfreunde stand.“ [23] Wiederum ist es überaus bedauerlich, daß sich unser Wissen über den Einsiedler Hattinger aus Thun auf zwei wenig aufschlußreiche Urkunden beschränkt. Aber die bloße Existenz solcher Einsiedler weist auf die verborgenen Geisteszentren im damaligen Unterwalden hin. Es ist schwer vorstellbar, daß Niklaus von dem nicht weit entfernten Matthias Hattinger nichts gehört haben soll, denn ein so religiös interessierter Mensch, wie er einer war, konnte kaum an ihm gleichgültig vorübergehen, und es ist naheliegend, daß Niklaus durch ihn und durch seine fromme Mutter von den Gottesfreunden im Elsaß erfahren hat, deren weit ausstrahlende Frömmigkeit der Innerlichkeit und der Innigkeit gleichzusetzen ist. Die mystische Gottesfreundbewegung war mit ihrem Aufbruch zum Ewigen eine wahre Quelle, und wer aus ihr trank, der bekam jenes Wasser, das in ihm zu einem Brunnen ward, der in das ewige Leben floß.

VII

Die religiöse Umkehr drängte Bruder Klaus zu einem entscheidenden Schritt. Sie trieb ihn in die Einsamkeit. Doch konnte er diesen Weg nicht ohne weiteres beschreiten, da allzu schwere Gewichte an seinen Füßen hingen. Er hatte eine Familie, und wenn auch die ältesten Söhne bereits erwachsen und daher fähig

---

[23] Ebd., S. XVIII.

waren, das väterliche Heimwesen ohne Schwierigkeiten und ohne Schaden für die Seinen weiterzuführen, so schien der Plan für seine Angehörigen doch undurchführbar zu sein. Die Gattin war über das Vorhaben zutiefst erschrocken, sie lehnte es aus ihrem weiblichen Gefühl heraus spontan ab und wollte nichts mehr davon wissen. „Da ihm hiezu deren Genehmigung nötig war, gab er sich größte Mühe, sie zu überreden, was aber lange, weil mit den häuslichen Sorgen enge verknüpft, umsonst war; daraus fühlte er deutlich, wie sein ganzer jetziger Lebensstand dem Gelübde zur Abkehr von der Welt nicht entspreche. Als er sie immer wieder drängte, gab sie schließlich, widerstrebend und unter vergeblichem Flehen, ihre Zustimmung."[24] Der Widerstand Dorotheas spricht für die Güte von Niklausens Ehe; seine Lebensgefährtin war nicht gewillt, den geliebten Mann und den Ernährer der Familie zu verlieren, und außerdem bedurfte sie zur Erziehung der Kinderschar dringend der väterlichen Autorität. Es gab in dem Haus, das der heutige Besucher mit neugierigen Blicken und einigem Erstaunen über die primitive Einrichtung betrachtet, lange, von Aufregung erfüllte Gespräche. Bruder Klaus gab seinen Plan nicht auf, setzte mehrfach an und war schon damals der Überzeugung: „Wenn du Gott dienen willst, mußt du dich um niemanden kümmern."[25] Endlich gelang es ihm, seine Frau von der höheren Notwendigkeit seines Ganges in die Einsamkeit zu überzeugen. An dieser Stelle wird nochmals seine Gattin sichtbar, und zwar steht Dorothea, obwohl kein einziges Wort aus ihrem Munde überliefert ist, in dieser Situation einmalig da. Das Verstummen ihres „vergeblichen Flehens" ist beredter denn jede Äußerung. Ihr Einverständnis war wirklich keine Kleinigkeit, es bedurfte einer großen seelischen Kraft, auf das Eheglück zu verzichten und demütig hinter der höheren Berufung des Mannes zurückzutreten.

Über die Abschiedsszene am Gallustag des Jahres 1467 – Klaus war gerade fünfzig Jahre alt – sind keine Einzelheiten überliefert. Die Quellen sind hierin von einer bewundernswerten Keuschheit. Die bekannten Schilderungen von der Mutter, die das erst

[24] Ebd., S. 538. [25] Ebd., S. 404.

dreizehn Wochen alte Jüngste weinend auf den Armen hielt, entstammen einem volklichen Bedürfnis nach Anschaulichkeit. In Wirklichkeit weiß man nichts über die schwere Stunde, da Niklaus von Flüe sich von den Seinen losriß. Es heißt nur, da „schied Bruder Klaus“ oder, da „verließ er Weib, Kind und Gut“ und hinter diesem kurzen Satz verbirgt sich eine Welt von Tränen der Trennung und des Schmerzes. Die Qual kostete viel Überwindung der emotionalen Regungen, denn Bruder Klaus war keine kalte Natur, und sein Eheweib war ihm in treuer Liebe zugetan. Doch ertönte der Ruf zum Aufbruch ins Unbekannte allzu gebieterisch in ihm, er wollte nicht länger zögern, schloß die Tür hinter sich und ging von dannen.

Niklausens Trennung von seiner Familie hat schon früh eine lebhafte Diskussion hervorgerufen. Während viele Menschen in seiner Weltabkehr eine grobe Vernachlässigung der Familienpflichten sahen, versuchten andere den außerordentlichen Schritt zu verteidigen. Die Rechtfertigungsversuche fielen in der Regel wenig glücklich aus. Man muß nicht apologetisch für eine Handlung eintreten, die man im allgemeinen nicht verantworten kann. Das ist ein ungeschicktes Verfahren, weil eine bloße Verteidigung stets ein schwächliches Tun ist. Der bürgerliche Standpunkt, der die Familie als der Güter Höchstes betrachtet, kann Niklausens Vorhaben nicht billigen. Sein Tun ist dem natürlichen Empfinden allzu schroff entgegengesetzt, es verstößt gegen jede Sitte und alles Brauchtum. Allein, es geht nicht an, seine Handlung mit einem gewöhnlichen Maßstab zu messen. Niklausens Schritt war ein religiöses Drama, das von einer überbürgerlichen Warte aus begriffen sein will. Man darf das Schluchzen von Frau und Kindern nicht überhören: Bruder Klaus hat mit seiner Tat der Lebensgefährtin Leid zugefügt, sie ist in ihrem Schmerz zusammengezuckt, und wie erbost seine Söhne waren, geht aus ihrem späteren Verhalten hervor. Wer dem Vorgang die bittere Tragik nehmen will, der zerstört damit gerade das schwere Opfer Dorotheas.

Bruder Klausens Abschied von Weib und Kindern ist nur aus der einen Sicht zu verstehen, die den religiösen Anruf allem andern überordnet. Es war von ihm der Beweis gefordert, daß er

Gott mehr liebe als die Familie, auch er hatte in anderer Form das unmenschliche Isaakopfer zu vollbringen. Ein solcher Gehorsam der inneren Stimme gegenüber ist der unverbindlichen Diskussionsfreudigkeit des seßhaften Menschen enthoben; er entzieht sich aller populären Beurteilung. Der Mensch vermag kaum Schwereres zu vollbringen, als um Gottes willen die traute, liebgewordene Häuslichkeit im Stich zu lassen und in die dunkle Nacht hinauszuschreiten. Ohne aufwühlende Schmerzen reißt sich niemand los. Bruder Klaus aber suchte das Opfer, indem er sein Leben Gott hingeben wollte. Dieser Mann tat das Schrecklichste, was man tun kann, und gerade aus dieser unbegreiflichen Tat heraus ist zuletzt das Größte hervorgegangen.

VIII

Der höhere Ruf gebot zunächst Bruder Klaus, im Elend von einer heiligen Stätte zur andern zu wandern. Der ungewohnte Ausdruck, „sein Leben im Elend zu verbringen", kehrt in den alten Quellen mehrfach wieder. Er ist im buchstäblichen Sinn zu verstehen: Niklaus schritt wirklich mit dem Pilgerstab in der Hand direkt dem Elend entgegen. Er bejahte, er begehrte, er wollte das Elend erleben – unverständlicher Wunsch für alle jene, die nicht um das Bessere wissen, für das sie aufbewahrt wurden.

Bruder Klaus schlug die Richtung nach Basel ein – ob er zu den elsässischen Gottesfreunden gehen wollte, ist eine naheliegende, wenn auch quellenmäßig nicht zu belegende Vermutung –, aber als er „gegen Liestal kam, dünkte ihn, wie selbe Stadt und alles darin ganz rot wäre, darob er erschrak"[26]. Wiederum meldete sich bei ihm die visionäre Schau, die, Schrecken auslösend, sein Leben bestimmte. Es ist eine psychologisierende Erklärung, im glutroten Liestal den „Ausdruck von Klausens eigenem bösen Gewissen" zu sehen, eine Deutung, die in ihrer Spießbürgerlichkeit keiner Widerlegung bedarf. Niklaus erlitt ob der in Rot getauchten Stadt einen Schock, er hielt auf seinem Weg inne und besprach sich mit einem auf einer nahen Wiese

[26] Ebd., S. 463.

arbeitenden Bauern, dem er sein Vorhaben enthüllte und der ihm dringend abriet, ins Ausland zu gehen, zumal im Elsaß die rauflustigen Eidgenossen nicht beliebt seien.

Der religiöse Realismus erfordert es, Bruder Klaus auch in dieser Situation zu folgen. Ein ängstliches Zögern und Tasten, eine spürbare Unsicherheit bemächtige sich des geradlinigen Mannes, der sonst das innere Schwanken gerade nicht kannte. Diese Wahrnehmung ist nicht nebensächlich, da sie geeignet ist, das falsche Klischee von Bruder Klaus zu korrigieren. Die Heiligen sind nicht Alles-Könner, sie schreiten nicht von Sieg zu Sieg. Diese Vorstellung entspricht einer bengalischen Beleuchtung, deren sich die erbauliche Hagiographie schuldig gemacht hat. Vielmehr sind auch sie nur zu oft in Bedrängnisse geraten, sind innerlich ratlos geworden und mußten ringen, um über den nächsten Schritt Klarheit zu erhalten. Den Heiligen in quälender Unsicherheit zu sehen, hat wahrhaftig nichts zu tun mit einer kläglichen Entlarvungspsychologie, im Gegenteil, es zeigt, daß auch diese Männer aus der Tiefe rufen mußten, damit ihnen aus der Höhe geantwortet werde. Wer die Passion im Leben der Heiligen verdeckt, der zerstört ihre tiefste Christlichkeit. Niklaus hat auf seinem Weg ins Elend geschwankt, und das beweist nur, wie schwer es auch ihm gemacht worden war, seine ihm entsprechende Form des christlichen Seins zu finden.

Nach dem Gespräch mit dem Bauer legte sich Bruder Klaus bei hereinbrechender Nacht unter einer Hecke zum Schlafe nieder. Schon in der ersten Nacht war ihm alles andere als ein geruhsamer Schlaf beschieden. Das Elend machte sich bereits geltend, und aufs neue suchte ihn eine bedrohliche Vision heim. „Als er kurze Zeit geschlummert hatte, umleuchtete plötzlich ein Strahl vom Himmel den Mann, der dabei einen Schmerz empfand, nicht anders, als ob ihm mit einem Messer der Leib aufgeschnitten wäre, und wie von einem Seil gezogen, mahnte es ihn, in die Heimat zurückzukehren."[27] Das realistische Bild verdeutlicht die Qualen, die der ins Elend hinausgeschrittene Pilger in seiner Ratlosigkeit zu erdulden hatte.

---

[27] Ebd., S. 504.

Beinahe verstörten Antlitzes trat der Pilger gehorsam den Rückweg an. Kleinmütig schritt er den Weg zurück, innerlich über sein Tun verwirrt. Sicherlich war es ihm nicht leicht, wieder heimwärts zu ziehen, weil dies wie das Eingeständnis eines Irrweges und einer Niederlage aussah. Bruder Klaus aber gehörte zu den Menschen, die den Rückweg antreten können, ein Tun, zu dem nicht alle Leute fähig sind und das oft größere Kraft erheischt, denn alles Vorwärtsstürmen. Im christlichen Leben spielt der Weg zurück eine wesentliche Rolle, er ist das andere Wort für Umkehr. Niklaus gelangte in der folgenden Nacht wieder vor sein Haus, in welchem die Seinigen in tiefem Schlafe lagen. Doch klopfte er nicht an die Türe, er nächtigte im Kuhstall nebenan und verließ ihn am Morgen, noch ehe die Söhne zum Melken eintraten. „So war er umgekehrt, ohne heimzukehren. Vielleicht ist kein zweiter, so ergreifender Augenblick in diesem Leben wie die Nacht, die der einstige Herr des Hofes wie ein versteckter Bettler im Stall verbringt. War er nicht am ersten Tag schon geschlagen, zurückgeworfen worden? Aber der Aufbruch der Heiligen führt nicht in weltliche Ferne, er führt in das Innere und Innerste, ein weit größer geartetes, aber fruchtbares Land.“ [28]

Nach der Nacht im Kuhstall begab sich Bruder Klaus auf die Klisterli-Alp, und einige Tage später fand man ihn unter Dornen und im Gestrüpp sitzend. Welch ein Anblick der Erniedrigung! Hilflos, ohne Speise und Trank lag er im dornigen Gesträuch! War das Gestrüpp ein Symbol für den noch nicht gefundenen Weg? Jedenfalls war er jetzt wirklich im Elend, tiefer hinab konnte er gar nicht mehr sinken. Sein Wunsch, zu verelenden, war mehr als im buchstäblichen Sinne in Erfüllung gegangen. Es war der zweite Fall auf seinem Kreuzweg, den Bruder Klaus gleich dem Meister zu gehen hatte. Der hereinbrechende Winter nötigte ihn, sich talwärts zu begeben, und wiederum durch eine Vision wurde ihm der Ranft als Wohnstätte zugewiesen.

---

[28] R. Schneider, Herrscher und Heilige, 1953, S. 424.

IX

Nun begann auch für Niklaus von Flüe das Hinuntersteigen in den Ranft, das nach Federer ein Wagnis ist. Die Schlucht ist nicht grausig und tiefgefurcht, daß einen dabei der Schwindel erfassen könnte. Sie ist von bewaldeten, felsigen Abhängen umgeben, und man erreicht die unten vorbeirauschende Melchaa auf einem nicht allzu steil abfallenden Weg.

Im Ranft unten lebte Niklaus als Waldbruder, wie seine Zeitgenossen ihn nannten. Der spätmittelalterliche Mensch hatte nicht das gleiche Verhältnis zum Wald wie der heutige Mensch. Man schwärmte nicht vom schönen Wald, vom moosbedeckten Boden, von Beeren und Pilzen und von den Tannen, die in majestätischer Größe dastehen, als befände man sich in einem stillen Dom. Noch sang man nicht „vom Windes Rauschen und Gottes Flügel, tief in dunkler Waldesnacht". Diese romantischen Empfindungen lagen in jener Zeit in weiter Ferne. Die damaligen Menschen sprachen vielmehr vom „finsteren Wald", vom undurchsichtigen Dickicht, in dem sie sich verloren vorkamen. Der Wald schien ihnen Unheimliches, Furchterregendes zuzuraunen. Er war zu jener Zeit so viel wie die Wüste für die Altväter. Ein Waldbruder war damals ein aus der Kultur ausgeschiedener Mensch. Tatsächlich hatte Bruder Klaus mit der Zivilisation nichts mehr zu tun, er lebte jenseits von ihr.

Der Waldbruder schlug im Ranft unten eine Hütte auf, und man erbaute ihm nach einem Jahr, gemäß Beschluß der Landsgemeinde – „unter Widerspruch seiner Blutsverwandten, welche sagten, daß es nach größeren Beweisen und längerer Beharrung zu solch mühevollen Ausgaben noch Zeit gewesen wäre"[29] – eine kleine Kapelle, daran sich ein Holzhäuschen schloß. Es war ein karger, ungemütlicher Raum. Durch eines der zwei Fensterchen vermochte der Einsiedler, ohne gesehen zu werden, der Messe in der Kapelle beizuwohnen. Nach Gundelfingens Schilderung „fand sich in seiner Zelle nur ein Sack, Asche, ein Bußgürtel, die Einsamkeit – kein Gelächter –, unerhörtes Fasten und ein

---

[29] Durrer, a.a.O., S. 541.

Stein als Lager, aber wenn sie auch von Glanz und Lockung frei war, so auch von Störung und Unruhe, und es gab dort alles Nötige"[30]. Wölflin berichtet, daß der Einsiedler „den Schlaf ausgestreckt hielt auf der bloßen Holzdiele, indem er an Stelle des Kopfkissens einen Block dem Haupte unterlegte und zuweilen der Kälte wegen sich in eine schlechte Decke hüllte"[31]. Nach anderer Überlieferung habe er halb stehend, mit dem Rücken an die Wand gelehnt sich ausgeruht und habe gleichsam im Schlafe noch das Wächteramt ausgeübt. Ein vierter Zeitgenosse erzählt, „das Gemach war lauwarm am Tage des Sankt Silvester, es hat zwei kleine Fensterlein und hat kein Nebengemach oder irgendein heimliches Schlafgemach, außer dem, von dem wir gesprochen haben. Ich sah kein Hausgeschirr, keinen Tisch und kein Bett, auf dem der Diener Gottes hätte ruhen können. Er muß stehen oder sitzen oder auf der Diele am Boden liegen, wenn er dies tun will."[32]

Die Zelle ist heute noch unversehrt erhalten; die beiden kleinen Räume sind durch eine steile Stiege miteinander verbunden. Es gibt in der Schweiz einige Gedenkstätten, die man nur bewegten Herzens betreten kann; zu ihnen gehören die stille Rütliwiese am Vierwaldstätter See, wo die Männer der drei Urkantone den ersten Bund der Eidgenossenschaft beschworen haben und das einsame Grab Heinrich Pestalozzis hinter dem Schulhaus in Birr. Aber sie werden von der kleinen Zelle des Bruder Klaus übertroffen, die man nicht anders denn als einen heiligen Ort bezeichnen kann. Man wagt in diesem kahlen Raum nur leise zu flüstern, und noch heute küssen viele Besucher die Wände. Was hat Bruder Klaus nicht alles in dieser Zelle während der langen Winternächte erlebt, da es in der Schlucht fast nicht Tag werden wollte! Des Waldbruders Dasein fügt sich in keine auf Annehmlichkeit und Wohlbehagen ausgerichtete bürgerliche Vorstellung ein. Unmöglich ist es, mit Worten wiederzugeben, was man in diesem Raum empfindet, namentlich dann, wenn man sich allein darin aufhält und nicht durch die vielen Autocarbesucher – Pilger kann man sie heutzutage wohl kaum mehr nennen – gestört wird.

---

[30] Ebd., S. 437. [31] Ebd., S. 545. [32] Ebd., S. 87.

Bis zum heutigen Tag erfüllt eine einzigartige, undefinierbare Atmosphäre diese dürftige Zelle. Der empfängliche Besucher fühlt gleichsam den Nachhall des Heiligen, denn kaum ein Raum redet so stark von Abtötung, Askese, Sammlung und Versuchung wie die nackte Ranftzelle.

Der Einsiedler lebte volle zwanzig Jahre, die zwei letzten Jahrzehnte seines Lebens, in diesem stillen Raum. Er hat ihn wenig verlassen, sonntags zum Besuch des Gottesdienstes in Kerns, oder wenn er sich noch tiefer in den finsteren Wald zurückzog. Gelegentlich pilgerte er auch nach Einsiedeln, beschritt dabei unbekannte Wege und wanderte nachts, damit ihn niemand sehe. Der Waldbruder wollte ein Anachoret sein, und Gundelfingen betonte, daß sein „Geist auf nichts mehr hingelenkt war, als auf die Wiederherstellung des Eremitenstandes, der von Antonius und Paulus eingeführt, aber seither gänzlich unterdrückt worden war. Niklaus wußte wohl, daß er nicht für sich allein, sondern weit mehr für den Eremitenorden, sein Seelenheil und anderen Einsiedlern zum Beispiel geboren sei."[33] Diese Sicht des ersten Biographen wurde später beinahe vergessen, obwohl sie sich mit Bruder Klausens ursprünglicher Intention völlig deckt. Er war Einsiedler und Klausner, in den letzten Jahren beinahe Rekluse. Wenn er die altchristlichen Eremiten auch nicht sklavisch nachahmte, sondern das Waldbruderdasein seiner Zeit entsprechend verkörperte, so war in ihm doch wieder der alte Wüstengeist lebendig geworden.

Entsprechend der Armseligkeit der Zelle war auch Bruder Klausens Kleidung. Bei seinem Gang ins geistliche Leben trug er einen grauen Rock auf bloßem Leib. Er hatte keine Kopfbedeckung und verzichtete auf jedes Schuhwerk. Zu allen Jahreszeiten, und mochte der Schnee noch so hoch liegen, schritt er barfuß einher. Selbst mit der dürftigen Gewandung hatte er eine menschliche Notwendigkeit auf ein Minimum herabgesetzt – ein stummer Protest gegen die spätmittelalterliche Kleiderpracht.

Der einsame Waldbruder gewann allmählich ein seltsames Aussehen. Es gibt verschiedene Abbildungen von ihm, die teils

---

[33] Ebd., S. 426.

verloren gegangen, teils späteren Datums sind. Wohl am ähnlichsten ist das Antlitz der Lindenholzstatuette aus dem Jahre 1504, die sich heute im Stanser Rathaus befindet. Von jeher ist ihr beinahe unheimlich herbes Gesicht aufgefallen: „Das ist ein Auge, das in Tiefen geistiger Welten schaut, ein Schädel, verhärmt in Abtötung, ein Mund, geöffnet, die Mitwelt vor einem Abgrund zu warnen.“ [34] Die Holzstatuette verdient den Vorzug gegenüber dem 1945 wieder aufgefundenen und restaurierten Bild, das nur fünf Jahre nach dem Tod von Niklaus von Flüe gemalt wurde, doch der Realistik entbehrt. Abzulehnen sind die Gemälde des frommen Malers Deschwanden aus dem vergangenen Jahrhundert, weil er mit seinem faden, kraftlosen Stil die Bruder-Klaus-Gestalt verharmlost hat.

Von den schriftlichen Schilderungen verdient zunächst die Arbeit von Hans von Waldheim erwähnt zu werden. Darnach war der Einsiedler ein schlanker Mann mit aufrechter Haltung, der ein wohlgebildetes, gut aussehendes Angesicht besaß. Man hatte dem Besucher gesagt, seine Hände fühlten sich eiskalt an und „sein Angesicht wäre gelber und bleicher als das eines Toten, den man in ein Grab legt. Er wäre auch immer traurigen Mutes und nie fröhlich.“ [35] Hans von Waldheim fand diese Aussage nicht bestätigt, er begegnete einem wohlbefindlichen und gesunden Menschen, einem Mann von einer rührenden Leutseligkeit, Mitteilsamkeit und Freundlichkeit.

Albrecht von Bonstetten empfing bei seinem Besuche einen andern Eindruck. Auch er hebt die große Gestalt hervor, die ungekämmten Haare, „schwarz gemischt mit grau, nicht allzu dicht“, die Augen mit dem „strahlenden Weiß“ und die guterhaltenen Zähne. Er fand ihn gerade nicht redereich und Unbekannten gegenüber zurückhaltend. Bonstetten und seine Begleiter erschraken bei seinem Anblick, „uns stiegen die Haare zu Berge und die Stimme versagte mir“, gesteht er[36].

Die Überlieferungen harmonisieren nicht und zeigen, wie

---

[34] K. Vokinger, Bruder-Klausen-Buch, 1936, S. 230.
[35] Durrer, a. a. O., S. 62.
[36] Ebd., S. 68.

verschieden damals schon die Menschen den Waldbruder erlebten. Bonstettens Bericht ist dem Waldheimschen vorzuziehen, weil er sowohl von der Schilderung des unbekannten „Burgdorfer Jünglings“ – der ebenfalls beim Anblick von Bruder Klaus in Verwirrung geriet – wie auch in Wölflins Lebensbeschreibung bestätigt wird. Zwar vermerkt auch der zweite Biograph die heitere Begrüßung, fährt dann aber mit den Worten weiter: „So viele auch zu ihm kamen, alle wurden beim ersten Anblick von großem Schrecken befallen. Er selber gab als Grund dieses Schrekkens an, daß er einst einen riesigen Lichtglanz gesehen, der ein menschliches Antlitz umgab, bei dessen Anblick sein Herz, in kleine Stücke zerspringend, vor Schreck erschauerte. Völlig betäubt und instinktiv den Blick abwendend, sei er zur Erde gestürzt. Aus diesem Grunde komme sein eigener Anblick anderen Leuten schreckbar vor.“ [37] Diese merkwürdig echten Bruder-Klaus-Worte weisen auf ein visionäres Geschehen hin, das sich ohne weiteres in sein Bild einfügt.

Wölflins Mitteilung enthüllt das wahre Antlitz des Heiligen. Wenn Bruder Klaus auch nichts über den Sinn des Erlebens meldet, so ist die Aussage doch ein Beweis dafür, daß er im Ranft von bestürzenden Erscheinungen heimgesucht worden ist. Ungeheuer lebensnah berichtet er, das Lichthaupt habe ihn maßlos erschreckt, wie denn auch die Offenbarung des Göttlichen den Menschen immer in seinen Grundfesten erschüttert. Dieser Mann hatte erlebt, daß die Begegnung mit dem Übernatürlichen unheimlich und lebensgefährlich ist – die Holzstatuette widerspiegelt den Eindruck vortrefflich – und demzufolge kann man mit dem von einem tiefen Ernst erfüllten Bruder Klaus nicht auf einem allzu vertraulichen Fuß stehen. Die Schilderung „vom Staub bestreuten Angesichte“ mit dem erschreckten Ausdruck, entspricht am besten dem Waldbruder, der von einer numinosen Sphäre umgeben war.

---

[37] Ebd., S. 547.

X

Im Ranft unten hat sich, wie Gundelfingen sich ausdrückte, „das unerhörte Fasten“ ereignet. Bruder Klaus war schon zu der Zeit, da er noch in der Welt lebte, ein Fastender. Er hat nicht nur die kirchlichen Fastengebote streng gehalten, sondern noch besondere Fastentage eingeschaltet und sich oft mit dürren Birnen und wenig Brot begnügt. Nachdem er seinen Gang ins Elend angetreten hatte, nahm er in den ersten, aufregenden Tagen überhaupt keine Nahrung zu sich. Auf der Klisterli-Alp eilte sein Bruder zu ihm und beschwor ihn mit leidenschaftlichen Worten, sich doch nicht durch Hunger selber zu töten. Niklaus antwortete ihm damals: „Keineswegs, auch in Zukunft nicht, da ich ja bisher nicht gestorben bin.“[38]

Es spricht für Bruder Klausens Demut, daß er ein so großes Tun nicht auf eigene Faust unternommen hat. Vertrauensvoll wandte er sich an seinen Beichtvater Oswald Ysner und holte seinen Rat ein. Der Priester berichtete später über die Unterredung: „Er habe auch dazumal Bruder Klausens Bein unten und oben betastet, daran ganz wenig Fleisch gewesen, denn es war verzehrt bis auf die Haut und seine Wangen ganz dünn und seine Lippen ganz zerschunden. Und als er solches wohlbegründet und gerechtfertigt durch die Liebe zu Gott gesehen und erkannt hatte, da hatte er Bruder Klaus geraten, weil Gott ihn so lange bis zum elften Tage ohne Speise erhalten hatte, sofern er denn das ohne Hungertod möchte erleiden, so soll er sich noch mehr darin versuchen, was auch Bruder Klaus getan, und von da weg bei zwanzig und einem halben Jahr bis an sein Ende also verharrte, daß er keine leibliche Speise brauchte, weder mit Essen noch mit Trinken.“[39] Nach dem alten Bericht ging Bruder Klaus vorsichtig zu Werk: Er holte sich zuerst die Zustimmung des Beichtvaters und schritt dann auf dem Pfade weiter.

Auch das Motiv für Bruder Klausens unerhörtes Fasten ist beachtenswert. Es war ihm nicht im geringsten darum zu tun, ein Bravourstück zu vollbringen oder gar andere Heilige zu über-

[38] Ebd., S. 540. [39] Ebd., S. 468.

treffen. Derartig eitle Überlegungen spielten bei dem in der Nähe Gottes lebenden Menschen keine Rolle. Er wünschte „ohne Essen zu leben", weil er „unabhängiger von der Welt" sein wollte[40]. Im Gegensatz zu den modernen Bestrebungen, sich möglichst tief mit dem Weltdasein zu vermengen, dessen Teig zu kneten und von ihm geknetet zu werden, tendierte Bruder Klaus dahin, von der Welt loszukommen und von ihr frei zu werden. Es war dies nicht nur ein frommer Wunsch oder eine vage Sehnsucht, sondern ein fester Entschluß und unablässiges Ringen. Es schwebte ihm vor, keine Bindung mehr zu heben, frei wollte er sein von Weib, Kind und Haus, und frei von der Sorge um die tägliche Nahrung. Die Parole „los von der Welt", die die Begründung für sein ungewöhnliches Fasten war, ist aus dem religiösen Bedürfnis, so nah als möglich bei Gott zu sein, herausgewachsen. Sie erfuhr gnadenhalber die Billigung Gottes; der Waldbruder lebte hierauf zwanzig Jahre ohne Nahrung im Ranft.

Der vollständige Verzicht auf jede Nahrung erscheint nicht nur dem modernen Menschen als eine Unmöglichkeit. Auch die Zeitgenossen standen zunächst dieser Nachricht mißtrauisch gegenüber, sie glaubten sie nicht, weil sie jenseits der menschlichen Möglichkeiten lag. Bruder Klaus war außerdem die einzige Gestalt in der Christenheit, von der eine jahrelange Nahrungslosigkeit ausgesagt wird. Die Zeitgenossen fürchteten, es gehe nicht mit rechten Dingen zu und munkelten von schlimmen Verdächtigungen. Wölflin berichtet über diese Beargwöhnung ausführlich: „Als bei seinen Landsleuten das Gerücht solch ungewöhnter Abstinenz sich verbreitete, begann man in entgegengesetzten Auffassungen darüber zu streiten. Die einen beteuerten Gottes bewunderungswürdige Anordnung und glaubten sofort, andere aber, die Leichtgläubigkeit haßten, schwankten, ob ihm nicht etwa heimlich Speise besorgt werde, während ihn die dritten direkt als Betrüger verdächtigten. Darum wurden durch Ratsbeschluß Wächter aufgestellt, welche die ganze Ranftschlucht ringsum sorgfältig beobachteten, damit kein Mensch weder zu

[40] Ebd., S. 468.

noch von dem Diener Gottes gelangen konnte. Als sie diese Bewachung einen ganzen Monat lang mit größter Strenge durchgeführt, fanden sie gar nichts, was religiöse Heuchelei aus eitler Prahlerei verriet."[41]

Naheliegenderweise hat sich die Nahrungslosigkeit bald herumgesprochen, nicht nur in Obwalden, sondern weit über die Grenzen der Eidgenossenschaft hinaus. Es war das Wunderfasten, das viele Neugierige herbeilockte. Sie wollten den Mann sehen, der lebte, ohne zu essen. Von ferne kamen sie herbeigeeilt, um nach dem Ungewöhnlichen zu schnüffeln. Einer dieser Besucher war auch Hans von Waldheim, der über das mit Bruder Klaus hierüber geführte Gespräch einen aufschlußreichen Bericht hinterlassen hat: „Lieber Bruder Klaus, ich habe daheim in unserem Lande und auch hier gehört, daß Ihr nicht esset und nicht trinket und daß Ihr seit vielen Jahren weder gegessen noch getrunken habet, wie ist es damit? Er antwortete mir: Gott weiß."[42] Die Antwort des Einsiedlers war von einer entwaffnenden Bescheidenheit. Sie schneidet alle geschwätzige Diskussion ab. „Gott weiß" – das ist die einzig zutreffende Äußerung darüber. Die Nahrungslosigkeit ist Bruder Klausens persönliches Geheimnis, es ging nur ihn an, er machte davon kein Aufsehen und war auch nicht bereit, darüber zu reden. In seiner heiligen Einfachheit hatte er noch einen Sinn für die Werte der Verborgenheit. Er ließ sie von keinem Sensationshunger ans Tageslicht zerren.

Auch die Kirchenmänner seiner Zeit standen dem Gerücht eher skeptisch als leichtgläubig gegenüber. Es war ihnen ein Anliegen, der Wahrheit auf die Spur zu kommen. Der Weihbischof von Konstanz besuchte Bruder Klaus; die Zelle betretend „verbrachte er mit ihm in Gesprächen über göttliche Dinge einen großen Teil des Tages. Unter anderem stellte er ihm die Frage, welches die größte und Gott wohlgefälligste Tugend sei, und als Niklaus antwortete: der Gehorsam, nahm Thomas sofort Brot und Wein, die er, um ihn zu versuchen, bei sich trug, brach das Brot in drei Bissen und befahl ihm, kraft Gehorsams, zu essen.

---

[41] Ebd., S. 542. [42] Ebd., S. 64.

Niklaus wollte dem Befehl des Prälaten sich nicht widersetzen, aber die Schwierigkeiten infolge der langen Entwöhnung fürchtend, verlangte er durch Bitten, daß jener ihm erlaubte, nur eines der Stücke, in drei kleine Teile zerteilt, essen zu müssen. Er konnte sie nur mit größter Mühe genießen und auch das Schlücklein Wein konnte er kaum ohne Brechen schlürfen. Darüber bestürzt, erklärte der Prälat den Mann als völlig bewährt und zeigte auch an, daß er nicht aus persönlichem Mutwillen, sondern im Auftrag des wahren Oberhirten mit ihm dieses Experiment anstellt."[43]

Es wäre gänzlich unangebracht, das Wunder im Ranft anzuzweifeln oder zu bestreiten. Die Quellen reden eine zu deutliche Sprache, so daß historisch keine Bedenken vorzubringen sind. Es verrät jedoch auch wenig Einsicht, es zu verteidigen, denn beides verläuft im Unfruchtbaren. Erklären kann man es auch nicht, weil Erklärungen der Welt des Rationalismus angehören, und ein Wunder, das man erklärt hat, ist kein Wunder mehr. Es hat die Legitimität Gottes verloren. Man muß es in seiner ganzen Rätselhaftigkeit stehen lassen als ein Geschehen, das unsere Kenntnisse von den Naturgesetzen durchbrochen hat.

Religiös gesehen ist das „unerhörte Fasten" ein Zeichen. Ein Zeichen aber wird aufgerichtet, damit es die Menschen an eine Wahrheit erinnere. Das Wunderfasten war eine Warnung, sich vor der ungezügelten Freßsucht zu hüten, der die Menschen damals wie heute huldigten. „Gut essen" hat zu allen Zeiten die Menschen verlockt, in der Füllung des Bauches den Sinn des Lebens zu sehen. Demgegenüber erinnert das Fasten des Bruder Klaus eindrücklich und nachhaltig an die Wahrheit des fünften Buches Mose: „Der Mensch lebt nicht vom Brot allein, sondern von allem, was das Wort des Herrn schafft." Neben dem Irdischen steht das Übernatürliche, es ist nicht weniger wirksam, wenn es die Menschen schon dauernd vergessen.

Bruder Klaus hat sich über die Ernährung ohnehin Gedanken gemacht, die außerhalb des Gesichtskreises der meisten Leute liegen. Wenn nicht in einem jeden Brote Gottes Gnade verborgen

[43] Ebd., S. 542.

wäre und hingenommen würde, so wären die Menschen dadurch so wenig genährt, wie von einem Stein, meinte er einmal zu einem Besucher. Die Äußerung entspricht nicht gerade der Auffassung jener Kreise, die aus der gesunden Ernährung eine Pseudoreligion machen, wohl aber liegt ihr jener Glaube zugrunde, der sich um eine Heiligung des ganzen Lebens bemüht. In allen Dingen ist Göttliches verborgen, der Mensch nimmt es gewöhnlich nur nicht wahr.

Eine Aussage des Beichtvaters von Bruder Klaus erhellt den tieferen Hintergrund des Wunderfastens. Oswald Ysner hatte ihn bei Beginn des Fastens seelsorgerlich beraten und später haben die beiden Männer nochmals darüber gesprochen. Seinem Beichtvater gestand er einmal widerstrebend, aber „im großen Vertrauen, wenn er bei der Messe sei und der Priester das Sakrament genieße, dann empfange er davon eine Stärkung, daß er ohne Essen und Trinken sein möge, sonst möchte er das nicht erleiden“[44]. Wölflin berichtet noch ein wenig ausführlicher: „Wenn er dem Meßopfer beiwohne und dort den Priester Christi Fleisch und Blut genießen sehe, so fühle und empfange er daraus eine wunderbare Stärkung. Die Erneuerung des Leidens Christi habe die Wirkung, daß, sobald er die Scheidung von Leib und Seele Christi betrachte, sein Herz von unaussprechlicher Süßigkeit erfüllt werde, die ihn so erquicke, daß er die allgemein menschliche Nahrung leicht entbehren könne.“[45] Eine Erklärung ist selbst Bruder Klausens geheimnisschwere Aussage nicht. Es kann auch gar keine geben, doch es ist ein Hinweis, der in seiner vertikalen Richtung die horizontale Flächenbetrachtung durchstößt. Zur Zeit der religiösen Unruhe war Bruder Klaus ein Passionsmystiker geworden, und in seinem Fasten ist er zum Sakramentsmystiker aufgestiegen, dem sich der tiefere Sinn der Eucharistie aufgetan hat. Die Sakramentsmystik war bei Bruder Klaus so tief erlebt, daß sich die tägliche Nahrungsaufnahme erübrigte. Das Wunderfasten steht nach seinem Verständnis mit der Mystik in einer geheimnisvollen Verbindung und läßt sich von ihr nicht ablösen. Nur in der aufsteigenden Mystik bricht

---

[44] Ebd., S. 468. [45] Ebd., S. 545.

der Mensch zu solch unbekannten Dimensionen hindurch, die alle vordergründigen Deutungen hinter sich lassen.

XI

Wenn die Ansicht Pascals zu Recht besteht, nach der alles Unglück der Menschen daher kommt, daß sie nicht in ihrem Zimmer bleiben können, so fällt ganz sicher Bruder Klaus nicht unter dieses Verdikt. Er blieb in seinen vier Wänden; seine Innerlichkeit empfand nie Langeweile, äußerer Abwechslungen bedurfte er nicht, und nie wartete er ungeduldig auf neue Nachrichten.

Die Frage, ob Bruder Klaus des Schreibens kundig war, muß offenbleiben. Es ist nicht einmal entschieden, ob er lesen konnte. Man kann auch ohne Bücher ein beschaulicher Mensch werden.

Bruder Klaus pflegte in seiner Abgeschiedenheit ein glutvolles Gebetsleben, dem er schon in der Welt ergeben war. Der Heilige gehörte zu den großen Betern, denen man in der Christenheit immer wieder begegnet. Sie allein vermögen das Unheil abzuwenden: „Es wäre bald mit unseren Eidgenossen zu Ende gewesen, wenn nicht die Gebete des Niklaus und anderer Frommen bei Gott geleuchtet hätten.“[46] Der Einsiedler hatte in seinem Gespräch mit dem Ewigen noch nicht mit dem Mangel an Konzentration zu kämpfen. Bruder Klaus war bei sich, und sein Geist besaß auch die Fähigkeit, sich in die Tiefen der Gottheit zu versenken. Die Zeitgenossen überliefern kein Gebet des Klausners im Wortlaut, und die unter seinem Namen bekannten Gebete bekunden deutlich die formulierende Prägung von fremder Hand, mag ihr Ursinn auch auf den Waldbruder zurückgehen:

> „O Herr, nimm von mir
> Was mich wendt von dir.
> O Herr, gib auch mir
> Das mich kehrt zu dir.
> O Herr, nimm mich mir
> Und mach mich zu eigen dir.“

---

[46] Ebd., S. 433.

Bruder Klaus benutzte zu seiner Erbauung jenes Blatt mit dem Rad-Schema, das für ihn zu einer Fibel der Mystik wurde, wie er selbst sagte: „Mein Buch, darin ich lerne und suche die Kunst dieser Lehre." Man weiß nicht, auf welchem Wege Bruder Klaus in den Besitz der Zeichnung gekommen ist, und es muß dahingestellt bleiben, ob der unbekannte Pilger sie ihm geschenkt, ob Bruder Ulrich sie ihm gegeben hat oder ob er sie nach eigenen Angaben anfertigen ließ. Eindeutig aber geht daraus hervor, wie sehr Bruder Klaus in der mystischen Tradition stand. Wer hieran noch den geringsten Zweifel hegte, müßte durch sein Radschema eines andern belehrt werden.

Das Radschema erweiterte sich zum Visionsbild, dessen Herkunft ebenfalls im Dunkel bleibt. Das Visionsbild, das sich heute in der Pfarrkirche in Sachseln befindet, ist keine Schöpfung des Bruder Klaus, man findet es in anderer Form in der spätmittelalterlichen Frömmigkeit. Es ist in seinem Wesen „von ekhart'scher wie von seuse'scher Mystik abhängig"[47]. Aller Wahrscheinlichkeit nach ist es auch nicht aus jener Vision hervorgegangen, in der Bruder Klaus das Lichthaupt gesehen hat. Das Visionsbild ist ein überaus geeignetes Mittel, dem Menschen bei seinen Meditationsübungen behilflich zu sein. Durch die innere Versenkung stieg Bruder Klausens Geist in die oberen Regionen auf und erlebte die Einigung mit dem Göttlichen. In unserer Zeit wurde einiges über das Visionsbild geschrieben, die gründlichste Arbeit hat Thomas Hegglin geleistet.

Das Visionsbild ist nicht leicht verständlich, da es ganz aus dem symbolischen Denken herausgewachsen ist. Christus steht eindeutig im Mittelpunkt dieser Mystik. Mochten auch die Urteile über Radschema und Visionsbild verschieden sein, eines steht jedenfalls außer Diskussion: Bruder Klaus war ein Mystiker. Die Passionsmystik und die Sakramentsmystik münden durch die Betrachtung des Visionsbildes in eine tiefsinnige Trinitätsmystik. Der Einsiedler hatte keine Neigung zur mystischen Spekulation, dafür aber einen um so stärkeren Drang zur Verkörperung des mystischen Lebens. Es hat in ihm Gestalt gewon-

---

[47] G. Th. Hegglin, Das Visionsbild des Nikolaus von Flüe, 1951, S. 35.

nen, Bruder Klaus ist einer der letzten Vertreter der mystischen Strömung des Spätmittelalters. Mystik war bei ihm eine wirkliche Gotteserfahrung, denn ohne das Erleben der Nähe Gottes hätte er die Einsamkeit im Ranft gar nicht ertragen. In der mystischen Verbundenheit mit Gott fand er die innere Freude und den unaussprechlichen Frieden. Man stelle sich Bruder Klausens geistigen Horizont nicht zu eng vor. Er war kein primitiver Bauer, er befand sich auf einer geistig hohen Stufe, die die heilige Einfachheit und die wahre Einfalt umfaßte. Er war imstande, mit Magistern über die Geheimnisse des Christentums zu sprechen, daß sie sich in ihrem Schulwissen nicht genug darüber verwundern konnten.

Gundelfingen hat die Frage aufgeworfen: „Muß er nicht solches Gleichnis aus der Schule des Heiligen Geistes empfangen haben, in welcher er seine Güte, seine Lehre, seine Wissenschaft und alles, was zum Heile dient, mit großem Eifer gelernt hat? Lernte er nicht auch in jener Hochschule des Heiligen Geistes jene Darstellung des Rades, die er in seiner Kapelle malen ließ und durch die er wie in einem klaren Spiegel das ganze Wesen der Gottheit widerstrahlen ließ?"[48] Die Frage des ersten Biographen zielt auf das Zentrum. Die Hochschule des Heiligen Geistes ist jedoch eine Wirklichkeit, ist die Grundlage des Christlichen schlechthin. Bruder Klausens Leben und Worte sind vom Heiligen Geist eingegeben, von ihm erleuchtet waren auch seine Einsichten und Ratschläge. Das ist die einzig mögliche Deutung, die seiner Tiefe gerecht wird, und eine andere gibt es gar nicht.

XII

Die Lebensführung des Einsiedlers war von starker Anziehungskraft. Die Leute strömten herbei, sie wollten ihn sehen und ihn befragen. Einer dieser Besucher wurde sein Schüler. Bruder Ulrich erreichte zwar nicht seine Größe, doch darf er nicht stillschweigend übergangen werden. Die alten Quellen erwähnen ihn stets. Sein von weißem Bart umrahmtes Antlitz – es ist auf dem

[48] Durrer, a.a.O. S. 434.

Altarbild im Sarner Museum festgehalten – schaut bescheiden hinter dem des Meisters hervor.

Seiner Herkunft nach stammt Bruder Ulrich aus Süddeutschland. Über sein früheres Leben gehen die Berichterstattungen auseinander. Er hatte von Bruder Klaus gehört, hatte sich dann aufgemacht, durch „Wälder, Forsten und unwegsames Gebirge wandernd", um bei ihm „die Zuflucht seines Lebens und die Rettung seiner Seele zu finden". Der Einsiedler nahm ihn freundlich auf und fragte ihn nach den Gründen seines Herkommens. Bruder Ulrich nannte ihm unübertrefflich derb die Enttäuschungen in der verabscheuungswürdigen Welt: „Das ganze Menschengeschlecht sei eine unverschämte pestilenzische Bande."[49] Er wünschte, bei Bruder Klaus bleiben zu dürfen und erhielt nach vielen Bitten mit Mühe die Einwilligung, am andern Ufer der Melchaa, Mösli genannt, ein Bruderhäuschen zu bauen. Bruder Ulrich mußte den Versuch, nahrungslos zu leben, nach einigen Tagen aufgeben, von seinem Vorbild belehrt, daß nicht alle die gleichen Berufungen haben. Der neue Waldbruder besaß dafür in seiner Zelle etliche Bücher, darunter die Evangelien und das Leben der Altväter, in denen er zu lesen pflegte, wodurch er Bruder Klaus verschiedene Anregungen aus der Tradition zu vermitteln vermochte. Wie die Wüstenväter besuchten sich die beiden Einsiedler gegenseitig und besprachen sich zuweilen über das geistliche Leben. Bruder Klaus vertraute ihm Geheimnisse an und enthüllte ihm unter anderem auch die eigene Todesstunde. Später unternahm Bruder Ulrich eine Pilgerfahrt nach Rom, und in seine Wahlheimat zurückgekehrt, traf er Bruder Klaus im Sterben an. Nach seinem eigenen Tod lebte die Waldschwester Cäcilia in ähnlich zurückgezogener Weise im Mösli. Es war damals noch eine andere Zeit, in der es trotz aller Verderbnis in der Schweiz stille Waldklausen gab, die heute gänzlich fehlen.

---

[49] Ebd., S. 431.

XIII

Niklaus von Flüe war in den Ranft hinabgestiegen, „nicht um den Großen zu spielen, sondern um in den Himmel zu kommen“[50]. Der Klausner wollte mit Gott allein sein und mit ihm reden. Keineswegs lebte er in seiner Einsamkeit das Dasein eines ichbezogenen Menschen. Obwohl er nie mehr von der geringsten Anwandlung geplagt wurde, zu den Seinen zurückzukehren – was er als Gnade bewertete – „erlaubte er zuweilen Frau und Kindern, zu ihm in die Einsamkeit zu kommen, um seine heilsamen Räte zu vernehmen, auf daß sie, durch die väterliche Überlieferung belehrt, ihr Leben demütig dem göttlichen Dienste weihten“[51]. Bruder Klaus blieb in allem Eremitendasein überaus menschlich, voll Verständnis und Mitgefühl für die andern, und gerade diese Wahrnehmung macht ihn so liebenswert.

Die Zelle von Bruder Klaus hatte ein Fensterchen, und wenn eine Anzahl Besucher versammelt war, ging es auf, der Einsiedler streckte seinen unheimlich aussehenden Kopf hinaus und sprach: „Gott gebe euch einen guten, seligen Morgen, ihr lieben Freunde und ihr liebes Volk.“[52] Manchmal verließ der Klausner auch sein Häuschen und trat in echter Verbundenheit mit dem Volk unter seine Besucher. Bruder Klaus war aus dem Alltagsleben hinausgeschritten, aber er hatte sich innerlich nie von seinen Unterwaldnerleuten getrennt. Er war kein stoisch eingestellter Mann, der sich in seiner Waldeseinsamkeit nicht mehr um die Sorgen und Nöte seiner Mitmenschen kümmerte. Der Einsiedler beschäftigte sich mit ihren Problemen. Zwar war er nicht mehr in die kleinen und gewöhnlichen Ereignisse verstrickt, er hatte Distanz gewonnen und stand über ihnen, aber er trug sie betend auf dem Herzen, und um dieser religiösen Teilnahme willen war er befähigt, die Menschen so unvergleichlich zu beraten. Der ehemalige Bauer, der ein „purer Laie“ war und der dauernd in seiner Zelle hauste, war einer der größten Seelsorger der Eidgenossenschaft.

Das Charisma der Seelenberatung spürten die Menschen, sie

[50] Ebd., S. 440. [51] Ebd., S. 547. [52] Ebd., S. 63.

pilgerten zu Bruder Klaus, um Anweisung und Wegleitung entgegenzunehmen. Dabei wohnte er abgelegen, es gab noch keine große Durchgangsstraße über den Brünig, die Wege waren schlecht, und wer zu Fuß oder zu Pferd zu ihm kam, war allem Wetter ausgeliefert.

Unter den Besuchern befand sich auch der berühmte Prediger Geiler von Kaisersberg, der den Einsiedler fragte: „Lieber Nikolaus, ihr führt da ein recht strenges Leben, fürchtet ihr nicht, daß ihr irret oder fehlt?“ Doch der Waldbruder erwiderte ruhig: „Wenn Demut und Glaube ich hab, kann ich nicht fehlen.“[53] Auch den hohen Gästen ging Bruder Klaus nicht entgegen, empfing sie aber alle, wie ein Kanonikus bezeugt, „ohne irgend einen Schein von Hochmut“. Begegnete er aber einer unlauteren Gesinnung wie beim Abt Georg von St. Stephan zu Würzburg, der ihn versucherisch über den Geiz befragte, dann donnerte der Einsiedler los: „Was frägst du mich ungebildeten Habenichts über den Geiz, da du doch als gelehrter und reicher Herr nicht nur besser als ich weißt, was das ist, sondern auch schon selber erfahren hast, was im Herzen des habsüchtigen Menschen vorgeht“[54], und ihm zu seiner großen Verwirrung eine üble Profitgeschichte auf den Kopf zusagte.

Nicht nur hilfesuchende Menschen klopften bei Bruder Klaus an, es gab auch Neugierige, die den Klausner auf die Probe stellen wollten und ihm verfängliche Fragen vorlegten. Einmal kam ein fremder Priester und wollte seine Gedanken über die Dreieinigkeit erfahren. Er versuchte ihn hart, und da er ihn nicht zu überwinden vermochte, zog er zuletzt mit der Drohung ab, „er werde ihm einen andern auf den Hals schicken, der ihn noch härter probieren und versuchen müsse“. Der Landammann von Unterwalden sah sich genötigt, den Einsiedler gegen solche unerbetene Gäste zu schützen. Das Geräusch der feindlich gesinnten Menschen umgab auch Bruder Klaus; die Mißtrauischen argwöhnten, beim Wunderfasten seien dunkle Mächte im Spiele gewesen. Wer weiß, was dem Waldbruder von seiten streitsüchtiger Theologen

[53] Ebd., S. 49.
[54] Ebd., S. 203.

alles widerfahren wäre, hätte die Heimat sich nicht schützend vor ihn gestellt.

Doch waren derartige Belästigungen Ausnahmen. Die vielen Besucher kamen aus einem ehrlichen Verlangen, denn die Unberatenheit der Menschen war zu allen Zeiten groß, und nur zu oft versagten die amtlich bestellten Seelsorger in ihrer Aufgabe. Bruder Klaus pflegte geduldig hinzuhören, er wußte auch ihre Fragen zu beantworten. Freilich hörten sie nicht immer das, was sie zu vernehmen begehrten, und nie erfolgte eine Erwiderung, die lediglich auf eine Bestätigung ihrer Ansichten hinauslief, dies hätte ihnen weder genützt noch geholfen. Mochten sie erschrokken in das unheimliche Antlitz des Klausners schauen, er besaß dafür das seltene Charisma, in ihren Herzen lesen zu können und ihnen das Wort zu vermitteln, dessen sie bedurften. Gepriesene Situation, wenn ein solches Fensterchen sich öffnet und dabei seelsorgerliche Ratschläge erteilt werden, die nicht aus dem Leeren kommen.

Einmal sagte Bruder Klaus zu einem Bauer, der eine Frau der Hexerei verdächtigte: „Du hast einen bösen Verdacht auf das Weib, du tust ihr Unrecht, gehe deswegen, bitte sie um Verzeihung, so wird dir dein Vieh fortan behütet werden, denn weil du so freventlich von diesem Weibe geurteilt hast, darum hat der böse Feind Gewalt bekommen, dein Vieh anzugreifen."[55] Mit welcher Überlegenheit kehrte Bruder Klaus die verderbte Logik der Menschen ins Gegenteil um! Er hat im schlimmen Argwohn und nicht in der imaginären Hexerei die Sünde gesehen. Hätten doch die Christen allezeit nach diesem christlichen Denken gehandelt, wahrhaftig, es wäre nie zu der grauenhaften Verirrung der Hexenverbrennungen gekommen.

Ein anderes Mal kam eine Frau zu Bruder Klaus, um sich über ihren Mann zu beklagen, den sie des Ehebruchs mit einer Nachbarin verdächtigte. Der großen Pilgerschar wegen wurde sie nicht sogleich vorgelassen, worauf sie voll Unmut wieder weggehen wollte, als plötzlich Bruder Klaus in die Kapelle kam und sagte: „Es ist eine Frau hier, die Rat von mir begehrt. Dieser

---

[55] Ebd., S. 999.

sage ich, daß sie ruhig heimgehen soll, denn sie tut jenen Unrecht. Sie sind unschuldig."[56] Der Einsiedler hat offenbar eine hellseherische Seelsorge ausgeübt, er fühlte, noch ehe die Menschen ein Wort sprachen, was sie bewegte. Bruder Klaus besaß das zweite Gesicht, er wußte zum voraus, was der Pilger Herz bedrückte, mochten sie aus noch so weiter Ferne herkommen. Sie kamen denn auch in Scharen, weil sie wußten, daß Bruder Klaus die allerseltenste Gabe besaß, bekümmerte Menschen zu trösten und aufzurichten.

Auch Bruder Klausens Worte an den Jüngling aus Burgdorf verdienen festgehalten zu werden. Der Jüngling befragte ihn über den einzuschlagenden Lebensweg und bekam im Verlaufe des Gesprächs die Worte zu hören: „Gott weiß es zu machen, daß dem Menschen eine Betrachtung so schmeckt, als ob er zum Tanz ginge, und umgekehrt weiß er ihn eine Betrachtung so empfinden zu lassen, als ob er im Kampfe streite." Als er aber vom Tanz sprach, sah ich ihn ein wenig an, als ob ich daran Ärgernis nähme, daß ein solcher Mann vom Tanzen rede. Er bemerkte es alsbald und wiederholte den Ausdruck: „Ja, als sollte er zu einem Tanze gehen."[57] Der Jüngling klagte ihm auch seine Not, daß er immer wieder in die Sünde zurückfalle und fragte ihn, was er tun müsse, worauf ihm der Einsiedler erwiderte: „Du mußt rasch wieder aufstehen."[58]

Auch Menschen mit körperlichen Leiden suchten den Klausner auf; das alte Kirchenbuch von Sachseln berichtet von mehr als einer Heilung und Befreiung von Schmerzen.

Die Antworten des Einsiedlers verraten eine Seelsorge im großen Stil. Nie gab er Plattheiten oder Selbstverständlichkeiten zum besten, seine Antworten kamen aus der Mitte, aus der Verantwortung vor Gott und brachten Licht in das Dunkel des Lebens. Von Niklaus ging geradezu eine seelsorgerliche Ausstrahlung aus. Es ist ein unermeßliches Geschenk für ein Volk, eine solche Klause zu kennen und um einen solchen Seelenarzt zu

---

[56] Ebd., S. 999.
[57] Ebd., S. 407.
[58] Ebd., S. 407.

wissen, wie Bruder Klaus einer war. Nicht jede Generation hat diesen Vorzug, jedenfalls war der Verlust unersetzlich, als sich das Fensterchen der Zelle für immer schloß.

XIV

Bruder Klausens Beratung der Menschen reichte auch in den politischen Raum hinein. Um diese Tätigkeit richtig zu ermessen, muß man versuchen, Niklaus mit den Augen seines Glaubens und zugleich auch wieder aus unserer Gegenwart heraus zu sehen, weil sich nur daraus ein lebendiges Bild ergibt. In dieser zweifachen Sicht wird seine Gestalt zu einem geistigen Nothelfer und wächst sich sein Schicksal zur beispielhaften Größe aus. Die politische Betätigung des Menschen ist gerne von schwarzen Schatten umgeben. Ehrgeiz, Geltungstrieb, Streben nach Macht vergifteten seit jeher das politische Tun des Menschen. Trotzdem kann auf die politische Tätigkeit nicht verzichtet werden, weil sie für die Ordnung im Zusammenleben der Menschen notwendig ist. Der Einsiedler wußte um Gefahr und Notwendigkeit der Politik Bescheid; er hatte sich einst in seinem weltlichen Dasein von ihr abgewandt, aber sein Rückzug sublimierte sich in seiner Einsamkeit zu einer höheren Betätigung. Er ist nicht zu einer Tür aus der Politik hinausgegangen und zu einer andern wieder hereingekommen. Gerade im politischen Leben beobachtet man diese schwankenden Winkelzüge oft, nicht aber bei Bruder Klaus. Unten im Ranft nahm er, ohne sich dabei zu verlieren oder auf ein niedrigeres Niveau abzugleiten, auf einer prinzipiell anderen Ebene am politischen Gespräch teil. Über alle Maßen merkwürdig bleibt es, daß der weltabgewandte Mann in weltlichen Angelegenheiten so vorzüglich Rat wußte. Er war dazu befähigt, gerade weil er dem politischen Geschehen fern gerückt und nicht mehr selbst darin verwickelt war. Außerdem hat er es allezeit von einem transzendentalen Standpunkt aus betrachtet. Bruder Klaus besaß die Erkenntnis, daß die Politiker mehr denn andere Leute des Lichtes bedürfen, um nicht einem doppelzüngigen Machiavellismus zu verfallen. Bei Niklaus erweitert sich die Heiligkeit bis in den Raum der Politik, ein ebenso seltener wie höchst erregender Vorgang. In den politischen Aussagen erweist sich Niklaus als ein Mann, der wie kaum ein zweiter die Krankheit seiner Zeit gründlich durchschaut hatte.

Höhepunkt von Bruder Klausens politischer Beratung ist unstreitig seine Beteiligung am Stanser Vorkommnis. Die Eidgenossen hatten Karl den Kühnen, den mächtig aufstrebenden Herzog von Burgund, in drei Schlachten geschlagen und darob war ihnen Beute und Ruhm ohnegleichen zugefallen. Allein, dem Sieg waren sie charakterlich nicht gewachsen, der Übermut bemächtigte sich der Schweizer, und die Nachkriegsprobleme schafften Zwietracht und Streit unter ihnen, so daß Besitzgier und Genußsucht sie zu verderben drohten. Um die strittigen Fragen zu regeln, kamen sie auf der Tagsatzung in Stans zusammen. Je länger sie aber miteinander redeten, je größer wurde der Graben zwischen ihnen. Zuletzt blieb ihnen nichts anderes übrig, als ergrimmt auseinanderzugehen und den dornigen Fragenkomplex durch Waffengewalt zu entscheiden. In dieser höchsten Not, da die Eidgenossenschaft in einen zerfleischenden Bürgerkrieg zu fallen drohte, erkannte der Stanser Pfarrer Heimann am Grund die schreckliche Gefahr und eilte in kalter Winternacht in den vier Stunden entfernten Ranft zu Bruder Klaus, den er früher schon in die Passionsmystik eingeführt hatte. Die beiden Männer berieten in der stockdunklen Zelle die schwierige Situation, und der Einsiedler teilte ihm die Lösung der verschiedenen Fragen mit. Im Morgengrauen ging der Pfarrer zurück, traf schweißtriefend im letzten Augenblick, da die Mannen schon im Aufbruch waren, wieder in Stans ein. Mit Tränen in den Augen beschwor er die Tagsatzungsherren, sich nochmals im Saal zu versammeln, er habe ihnen eine Botschaft von Bruder Klaus zu vermitteln, die er niemandem vorher sagen dürfe. Worin die Ausführungen Bruder Klausens im einzelnen bestanden haben, ist nie genau bekannt geworden, eines aber ist gewiß: Er hat nicht als Unterwaldner im Interesse seines Kantons gesprochen, sondern hat weitblickend von einem gesamteidgenössischen Gesichtspunkt aus geurteilt. Was vorher in langen Verhandlungen nicht gelungen war, nämlich die Einigung der entzweiten Gemüter, das hat Niklausens Botschaft in kürzester Zeit fertig gebracht. Er war nicht einmal selbst dabei, seine vermittelnden, durch Heimann überbrachten Worte hatten genügt. Die Tagsatzungsherren beugten sich seinem Rat, die Eidgenossen fanden sich auf der von Niklaus von Flüe gegebenen Linie, und damit war der drohende Bürgerkrieg vermieden. Noch vor Abend sattelten die Tagsatzungsherren ihre Pferde und ritten voller Genugtuung nach Hause, während Glockengeläute den dem Lande erhaltenen Frieden verkündete. Das Protokoll erwähnt ausdrücklich die Verdienste des Bruder Klaus, der sich in gefährdeter Situation als Retter des Vaterlandes erwiesen hatte. In einem überaus kritischen Zeitpunkt der Eidgenossenschaft war es dem Einsiedler beschieden, seinem Volk den Weg zur Heilung zu weisen. Nur ein Mensch, der außerhalb des Lebens Wirren stand und der nicht selbst an der Parteien Kampf beteiligt war, hatte eine derart überlegene Autorität. Der Gang in die Einsamkeit hatte seine Früchte getragen, es war keine egozentrische Tat gewesen, denn nun hatte Niklaus der gesamten Schweiz seine Hilfe dargebracht. Das Ringen der Eremiten kommt immer der Allgemeinheit zugut. Das Stanser Verkommnis ist ein eindrücklicher Beweis für die Tatsache, daß das Göttliche allein die Fähigkeit hat, auch die Dunkelheiten des politischen Lebens zu erhellen. Es ist eines der instruktivsten Schulbeispiele eines vorbildlichen Verhältnisses von religiöser Wegleitung und politischem Geschehen.

Nach dem Stanser Verkommnis wuchs das Ansehen von Bruder Klaus als politischer Ratgeber ins Ungewöhnliche. Fortan mußte er sich für seine politische Korrespondenz ein eigenes Siegel zulegen. Auch ausländische Fürstlichkeiten wandten sich an Bruder Klaus und ersuchten ihn um Vermittlung und Beratung. Niklaus hat seine Autorität nie mißbraucht, hat aber seine Ansichten stets unmißverständlich formuliert. Er mischte sich nicht ungebeten ein, doch wenn man ihn fragte, redete er gleichsam „dazwischen“, offen und nicht diplomatisch. Nie hätte er je die fragwürdige Rolle einer „grauen Eminenz“ gespielt.

Worin bestand, generell und ideell gesehen, Bruder Klausens politische Beratung seiner Landsleute? Der Chronist Salat hat sie in die Worte zusammengefaßt: „O liebe Freunde, machet den

Zaun nicht zu weit, damit ihr desto bas in Friede, Ruh, Einigkeit und in eurer sauer erworbenen löblichen Freiheit bleiben möget. Beladet euch nicht mit fremden Angelegenheiten, bündet euch nicht mit fremder Herrschaft, seid auf der Hut vor Zweiung und Eigennutz. Hütet euer Vaterland und haltet zu ihm. Pfleget nicht vorsätzliche Kriegslust, wenn euch aber jemand überfällt, dann streitet tapfer für Freiheit und Vaterland."[59] Salats Überlieferung sei noch durch Bruder Klausens Schreiben an die Stadt Bern ergänzt: „Friede ist alleweg in Gott, denn Gott ist der Friede, und Friede mag nicht zerstört werden, Unfriede aber wird zerstört. Darum sollt ihr schauen, daß Ihr auf Frieden stellet, Witwen und Waisen beschirmt, wie Ihr es bisher getan habt."[60] Und schließlich ist noch die Darstellung des Abtes Trithemius zu erwähnen, der den „Geist der Prophezeiung" Bruder Klausens hervorhebt: „Vieles Künftige sagte er auch den Eidgenossen voraus, das diesen später begegnete. Unter anderem sagte er ihnen: wenn ihr in euren Grenzen bleibt, so kann euch niemand überwinden, sondern ihr werdet euren Feinden zu jeder Zeit überlegen und Sieger sein. Wenn ihr aber, von Habsucht und Herrschbegier verführt, euer Regiment nach außen zu verbreiten anfanget, wird eure Kraft nicht lange währen."[61]

Die Äußerungen des Bruder Klaus zur politischen Situation der Eidgenossen scheinen im ersten Augenblick denkbar einfach zu sein. Fast ist man versucht zu fragen: Ist das alles? Wer aber über die schlichten Worte länger nachdenkt, der bemerkt, daß der Einsiedler ein ganz bestimmtes Bild von der Schweiz in sich trug. Dieser Mann aus dem Volk besaß eine klare Vorstellung von der Sendung der Eidgenossenschaft, er hegte in sich eine ganz bestimmte Konzeption von der Schweiz, was, damals wie heute, von wenigen Politikern gesagt werden kann. Vor allem aber wußte Bruder Klaus um die tiefe Seele des Landes Bescheid. Mit seiner Mahnung, den Zaun nicht zu weit zu machen, lehnte er die Ausdehnung der Eidgenossenschaft zu einem Großstaat bewußt ab und bekannte sich ausdrücklich zum Kleinstaat. Von einem schweizerischen Messianismus findet sich bei diesem klar-

---

[59] Ebd., S. 778. [60] Ebd., S. 209. [61] Ebd., S. 587.

blickenden Heiligen keine Spur. Die Warnung, sich nicht in fremde Angelegenheiten zu mischen und sich nicht mit fremder Herrschaft zu bünden, ist der erste Hinweis, den Weg der Neutralität zu beschreiten; seine Worte über den Segen des Friedens und die zerstörerische Wirkung des Unfriedens nehmen sich wie eine erste Besinnung auf die Friedensmission der Schweiz aus, die sich in den Dienst der humanitären Zwecke stellen soll. Über der Darlegung vom Sinn der Eidgenossenschaft lagert sich die Prophezeiung, welcher Weg Bestand hat und welcher nicht.

Es vermindert die Bedeutung von Bruder Klausens zeitloser Mahnung nicht im geringsten, daß die Eidgenossen ihr nicht nachkamen. Sie stand in ihrer grandiosen Einfachheit mit den egoistischen Zielen der damaligen Tagespolitiker in einem zu schroffen Gegensatz, als daß sie hätte befolgt werden können. Die alten Quellen erwähnen ausdrücklich, „nur ein klein Häuflein“ hätten der Sicht des Einsiedlers zugestimmt. Das Pensionenwesen und die Reisläuferei übten eine viel zu starke Verlokkung aus. Bruder Klausens Aussage, das von fremden Fürsten empfangene Geld werde nichts fruchten, erfüllte sich wörtlich an seinem Urenkel. Dieser wurde Hauptmann in französischen Diensten, kehrte mit viel Geld in die Heimat zurück und erwarb sich über hundert Stück Vieh, verarmte aber bald wieder und war schließlich nicht einmal mehr imstande, sich ein Gewand anzuschaffen. Auch die Eidgenossen mißachteten die Richtlinie des Heiligen, sie verwickelten sich in die italienischen Feldzüge und erlebten die Niederlage von Marignano, was so viel wie das Ende ihrer europäischen Politik bedeutete. Es hatte sich gerächt, nicht auf Bruder Klaus gehört zu haben, und es bedurfte bitterer Erfahrungen, bis man sich in der Schweiz auf des Einsiedlers Bild von der Eidgenossenschaft besann, dessen Wahrheitsgehalt allein von den Stürmen der Zeit nicht weggefegt wurde.

Das Kirchenbuch von Sachseln erwähnt aus naheliegenden Gründen Bruder Klausens politische Beratung mit keinem Wort und hebt ausschließlich seine Frömmigkeit hervor, während in der neueren Zeit viele Menschen nur ein geringes Verständnis für die Mystik des Klausners haben und dafür vor allem den weitblickenden Politiker bewundern. Die Gegensätzlichkeit der

Interessen läßt sich mehr oder weniger durch die ganze Bruder-Klausen-Überlieferung hindurch verfolgen. Stehen religiöse Haltung und politisches Interesse wirklich unverbunden nebeneinander? Kann man die eine annehmen, indem man das andere verwirft? Niemals, in dieser irrigen Annahme besteht das letzte Mißverständnis um Bruder Klaus. Es gibt nicht zwei Niklaus-Gestalten, sozusagen einen religiösen und einen politischen Mann. Diese Spaltung in der Betrachtung ist durch das verschiedene Interesse entstanden, das Reformation und Gegenreformation am Einsiedler nahmen. Die religiöse und politische Seite gehören vielmehr bei ihm eng zusammen und bilden eine unauflösbare Einheit. Das eine ist ohne das andere unverständlich: Das mystische Leben war Bruder Klausens Grundlage, aus der seine politische Beratung organisch herausgewachsen ist. Beides zusammen, das mystische und politische Leben, machen das Ganze von Niklaus von Flües überlegener Persönlichkeit aus.

XV

Bruder Klaus lebte nach dem Stanser Verkommnis noch sechs Jahre lang. Dann ergriff eine Krankheit den zeitlebens gesunden Mann. Es war ihm kein leichtes Sterben beschieden. Auch Bruder Klaus mußte an sich erfahren, daß Gott seine Heiligen im Sterben oft wie auf einem Schindanger liegen läßt. Da die Krankheit „den ganzen Körper ergriff, klagte er aus angstvoller Seele über den innerlichen Schmerz in den Knochen und Sehnen, so daß, da das Fleisch verzehrt und beinahe abgestorben war, er, sich hin und her wälzend, nirgends ruhig bleiben konnte“[62]. In aller Armseligkeit hauchte er, seiner Gewohnheit gemäß auf dem bloßen Boden liegend, unter großen Schmerzen seine Seele aus. Es war am Tag des Frühlingsanfangs des Jahres 1487. Die Todesnachricht verbreitete sich rasch und löste überall eine wahre Bestürzung aus. Aufs tiefste betrauert, wurde der Einsiedler in Sachseln zu Grabe getragen.

„Unser Niklaus ist freilich gestorben, aber wir sehen seinen

[62] Ebd., S. 549.

Tod nicht als Tod an", schrieb Gundelfingen[63]. Bald danach ereigneten sich am Grabe des Einsiedlers die ersten Heilungen, von denen das nach Jahresfrist angelegte „Kirchenbuch von Sachseln" eine ganze Reihe vermerkt. Man hat diese Heilungen am Grabe des Bruder Klaus nicht mit einer lässigen Handbewegung als „Aberglauben" herabzusetzen. Das ist Unverständnis, das nichts mehr weiß von dem Berührtwerden durch eine höhere Macht. In diesen Heilungswundern bekundet sich vielmehr die mächtige Ausstrahlung des Einsiedlers. Von den Gräbern gewöhnlicher Menschen werden keine solchen Dinge erzählt. Nur an Gottesmänner hängen sich solche Aussagen, und sie würden nicht berichtet, wäre ihre Wirksamkeit mit dem Tode zu Ende gegangen. Auch Niklausens Grab wurde dadurch zu einem heiligen Ort.

XVI

Bruder Klausens Bedeutung für unsere Zeit ist nicht mit einem Satz zu umschreiben. Wir sind aufgefordert, über seinen Weg zwischen Innerlichkeit und öffentlichem Leben und dessen Anwendung auf unsere Gegenwart nachzudenken, eine Aufgabe, mit der man nie fertig wird. Eine der tiefsten Überlegungen stammt aus der Feder Reinhold Schneiders, der mit dichterischen Worten das Vermächtnis des Klausners gezeichnet hat: „Daß die Wahrheit auf seinem Antlitz stand; daß der Schrecken vor der Wahrheit sein Tun und Lassen beherrschte; das war seine Macht. Wir verfehlen ihn – wie die Heiligen alle – wenn wir die Umwelt in eine Idylle verwandeln. Niklaus von Flüe, der prophetische Bauer, ward wohl seiner Heimat zum Segen aus ihrem eigensten Geist; für die Christenheit ist er ein Sprecher des Zornes. Da die Menschen die Wahrheit nicht ertragen konnten, so mußte er sie allein ertragen, mußte er als ihr Zeuge zugleich zerbrechen und standhalten. Der Heilige ist der Überforderte, von dem die Gnade nicht läßt. Er war das Bild dieses Gestorbenseins, rätselhaft – zukünftig, verkörperte Mahnung, kein Prediger der

---

[63] Ebd., S. 440.

Sühne, vielmehr die Sühne selbst."[64] Die ebenso schöne wie wahre Formulierung erinnert an das Wagnis, zu ihm in den Ranft hinabzusteigen. Doch bedarf des Dichters Charakterisierung noch einer kleinen Ergänzung.

Schon Hans von Waldheim sprach in seinem Reisebericht vom „lebenden Heiligen", eine Bezeichnung, die gewiß nicht jeden Tag auf einen Zeitgenossen angewendet wird. Man hat Bruder Klaus schon zu seinen Lebzeiten als einen Heiligen betrachtet, jedenfalls standen seine Mitlandsleute und auch die aus der Ferne kommenden Besucher unter diesem Eindruck. Für seine Mitmenschen war er ein Heiliger, er nahm an ihren Sorgen und Nöten teil und war doch durch seine Abgeschiedenheit ihrem Kleinkram entrückt. Auch nach seinem Tode wurde seine Gestalt nicht zu einer verstaubten Figur, die man in eine Nische stellt und dort ruhig stehen läßt. Er versank nicht im Meer der Vergessenheit, sein Nachhall blieb lebendig und aktuell bis zum heutigen Tag. Seine unterwaldnerischen Landsleute wußten, daß es zwar mehrere Waldbrüder, aber nur *einen* Bruder Klaus gab: der stille Mahner von einer unwiederholbaren Einzigartigkeit, „ein Wachtfeuer, von Gott entzündet, im Dunkel der Zeit"[65]. Bruder Klaus ist eine der allereindrücklichsten Persönlichkeiten der Schweizergeschichte, nichts, aber auch gar nichts von einem kleinlichen Kantönligeist haftet ihm an. Er war durch und durch Eidgenosse, war schlicht und bedächtig, von Grund auf echt und ohne jegliches gekünstelte Fassadentum. Gleich weit entfernt von aller Gewöhnlichkeit wie von aller Übersteigerung besaß er jene heimliche Weisheit, die man auf keiner Schule erlernen kann, weil sie allein ein Geschenk des Heiligen Geistes ist. Er war und bleibt der lebendige Heilige, allezeit gleich nah und gleich fern. Die Heiligen sind nicht tot, sie gehören zu den Geistern, die das Fluidum der Anwesenheit besitzen und uns Menschen innerlich umstellen. Bruder Klaus ist ein Mann, mit dem man zeitlebens ein Gespräch führen kann, er ist mit der Stimme immer erreichbar, und wer mit ihm im Geiste ernsthaft redet, dem antwortet er auch.

---

[64] Schneider, a.a.O., S. 232/233.

[65] Vokinger, a.a.O., S. 153.